岩　波　現　代　文　庫

岸惠子自伝

卵を割らなければ、オムレツは食べられない

岸　惠子
Keiko Kishi

文芸 359

岩波書店

目次

第Ⅱ部　映画女優として……59

第Ⅲ部　イヴ・シァンピとともに……135

＊編集協力＝鷲巣　力
＊本書に収録した写真は、提供元が示されている場合を除いて著者所蔵のものである。

第Ⅰ部　横浜育ち

[扉写真]

19 歳のころ．女優になりたてのわたしは結構暗い顔をしていた．なんにでも懐疑心を持っていた．と同時に，親友の田中敦子さんと 2 人面白がって毎日を楽しんでもいた．まだ研究生の身分でギャラはなかったので，このアストラカンのオーバーコートは父に買ってもらった．若いときから衣装には敏感だった．

1　港町横浜

母方から言えば、三代目の浜っ子であるわたしは、歴史の浅い新開地、港町横浜に生まれ育った。一九三二年八月十一日の朝日が昇ろうとするとき、ころりと産まれた赤ん坊のわたしは、一貫目(約三・七五キロ)近くあったという。病院ではなく我が家で、お産婆さんという人がとり上げてくれた。

「太陽とともに生まれたのよ」

とのちに母千代子が誇らしく告げてくれた。華奢《きゃしゃ》な母が予想外の大きな赤ちゃんを産み落としたとき、太陽が明るんで庭の芙蓉《ふよう》の花が咲いた。母が「芙蓉……」と呟《つぶや》いた。

「この子の名前、芙蓉子にしましょ」と言った。

「芙蓉なんて儚《はかな》い。名前はどこにでもある平凡がいちばんだ」
父岸操《きしみさお》はわたしの名を「恵子」と決めた。父の決定を恨めしく思う。一生の半分を住んだパリでも、日本でも、字は違ってもわたしの周りは「けいこ」だらけで始末が悪い。

生まれた場所は、現在の横浜市南区にある平楽《へいらく》という山手続きの高台だった。外国人が建てた瀟洒《しょうしゃ》な洋館が並ぶ山手通りに比べると、ハイカラではあったけれど、もっと庶民的な街並みだった。

わたしが小学生まで住んだ家は明るい雰囲気の造りで、高床式になった板張りの広いテラスがあり、木製の階段を降りると樹々《きぎ》の茂る庭があった。大木の陰に、五、六回も泳ぐと手が縁《ふち》に突き当たってしまう水場があった。「プール」と呼んでいたが、もとは小さな池だったのだろう。冬は水がなく空池になっていた。

家の周りの原っぱにはれんげ草が咲き、タンポポが群れ、まだ潮の香りが漂う海があった。往時茫々《ぼうぼう》として遠く霞《かす》んでしまった思い出ではあるけれど、霞《かすみ》をかき分けて掬《すく》い出すのは、やっぱり青く光って、静かに広がっていた横浜の海。今は石油コンビナートなどで眺望が塞《ふさ》がれてしまっている三渓園《さんけいえん》の遠浅の海。引き潮のとき、従妹《いとこ》たちとはしゃぎながら収穫の量を競い合った潮干狩り。採れたあさりで母が作ってくれたお味噌汁《みそしる》のいい匂《にお》い。

不思議なことに、いちばん遠い記憶の中に、二・二六事件がある。といっても三歳だったわたしに事件が分かるはずもない。雪の降る寒い朝、父がラジオにしがみつき、母が藁《わら》をほぐして納豆を開けたことだけを鮮明に憶《おぼ》えている。そのときの異様な緊張感と納豆の匂いだけが記憶に残った。何年も経《た》ってから、それが二・二六事件だったと父に知らされた。

両親とともに．4,5 歳のころ

賑《にぎ》やかで華々しかったのは、花電車が出る夏の港祭りの花火大会。〝ずっどーん〟とお腹《なか》に響くような打ち上げの音は、空に駆け登るような夢をくれた。夜空いっぱいに咲き乱れる花火。祖父の肩車に乗ってうっとりと眺めるわたしの隣に、やはり父親に肩車をされた、金髪で巻き毛の少女がわたしを見て、恥ずかしそうににっこりと笑う。

同い年くらいのその少女は、日曜日の山下公園でよく見かけていた。縄跳びをするわたしたちの群れを、少し離れてぽつんとひとり、うらやましそうに見ていた。「入らない？」と誘っても、遠慮そうににこっと笑って首を横に振った。

お昼になると、公園前のホテルニューグランドのダイニングで、旗の立ったお子様ランチを食べた。そこでもよくその金髪の少女と出会った。同じようにお子様ランチを食べながら、わたしを見て恥ずかしそうににこっと笑った。

ある日、母親に背中を押されてわたしたちの輪に近づいてきた。

「一緒に遊んでください」

ときれいな日本語で母親が言った。少女は嬉《うれ》しそうに、巻き毛を風に散らして、従妹たちとわたしが廻《まわ》す縄跳びの輪のなかで、海をバックに跳び上がっていた。

「いーち抜けた、にー抜けた」

その子の母親がわたしたちと一緒に歌った。遊びが終わって、頬《ほお》を紅潮させた女の子は、海のように青い眼を輝かせて、小さな声で「ありがと……」と言った。

その昔、当時の幕府がポルトガルとオランダだけに貿易を許し、なお厳しい監視下においた長崎の「出島」とちがって、横浜は、「居留地」は定めたものの、申請をすれば内地へ旅行することも許される自由があった。そうした遠い歴史があったからなのか、わたしの子供時代、山手から元町、海岸通りにかけて、家族連れの外国人を見かけるのは珍しいことではなかった。

可愛《かわい》らしかった女の子が美しい少女になり、わたしも小学生になった。それからほどなくして少女を山下公園で見かけることがなくなった。太平洋戦争が始まったのだった。

あのときから、八十年も経った今、同じ山下公園にひとり佇《たたず》み、眼を瞑《つぶ》ると、「いーち抜けた、にー抜けた」と歌う幼い声が聞こえてくる。ゆったりと回る縄跳びの輪が浮かんでくる。その子と会うのが最後になった日、青い眼を見開いて「ありがと……」と言って下を向き、「さよなら」と小さな声で呟いて、海に溶けるようにいなくなった。

あの少女は、今わたしと同じように、八十歳を超えても元気でどこかで生きているのだろうか。金髪の巻き毛を風に散らして、遠慮がちに「ありがと……」と呟いた少女の姿を、わたしは長い一生の間に幾度も思い出した。〈わたしの居場所はどこ?〉と問いかけるような惑いと孤独が漂う姿が、わたし自身に似ていると思うからなのだ。

少女に会う前のもっと小さかったころのわたしは、眩《まぶ》しく光る海を見ながら、この海が終わるとき海水はどこに零《こぼ》れていくんだろうと思った。海水はどこにも零れず、海や陸地はつながっていて、地球という丸い大きなものに乗っていると知って驚いた。その地球はもっと大きい、果てしない宇宙というものの中に浮いていると聞かされて不思議な気持ちになった。

「じゃあ、まあるい地球の底にいる人は、逆さまに立っているの? 空の中に落っこちたりしないの? 人間も海や空のように果てしないの?」

うっすらとした怖さが湧《わ》いて、わたしは地球の底で地面にしがみついている女の子の絵を描いた。

「果てしがないって、終わりがないということ？」

父がどんな説明をしてくれたのかは憶えていない。幼い頭がこんぐらかった。「果てしがない」なんて無気味なことだと思った。「果てし」はあったほうがいいんじゃないかと思った。

小学生になってから間もないころのことだった。大好きだった母方の祖父が、数日の小旅行から帰り、家にも入らず、庭の菊に井戸水をあげようと、釣瓶《つるべ》を引き上げたときに〝うっ〟と呻《うめ》いて倒れた。祖父は地に根を張った草花には、地から湧き出す水がいちばんの御馳走《ごちそう》だといって、水道の水を撒《ま》くことを嫌った。旅行カバンを庭先に放り出して、いきなり井戸に向かったそうなのだ。

菊作りはコンクールで二度も優勝した祖父の道楽なのだった。釣瓶を持ったまま倒れた祖父は、駆けつけたわたしの両親や祖母が身体《からだ》を押さえていなければならないほどもがき苦しんで、夜半に息を引き取った。若々しく美丈夫な祖父に突然襲い掛かった狭心症という心臓の発作だった。

あとから考えれば虫の報《しら》せがあったのか、祖父はその数日間珍しく、散っていった息子や娘の家を訪ねて、それぞれの家に一泊ずつして上機嫌で帰って来たのだという。

翌日、わたしは笑みさえ浮かべているような静かな祖父の顔と対面した。涙が溢《あふ》れて止まらなかった。

「もう縁日で、舌が真っ赤や真っ青に染まる水飴《みずあめ》や、綿菓子を買ってくれる人はいないんだ。死んでしまったんだ」

わたしの母はお茶目で面白い人だったのに、おやつは家で母の用意したものしか食べさせてくれなかった。お祭りや縁日の出店で香ばしい匂いを立てている、焼きイカやトウモロコシの前で、わたしがいくら嘆願しても聞き入れてくれなかった。それをホイホイと買ってくれた祖父の、笑みを含んだ静かな顔をいつまでも眺めていた。その動かない顔にダブって、〝どーん〟と景気のいい音を立てながらおおきな花火が咲いた。

夜空を華やかに彩ったあと、花火は〝しゅるーん〟と悲鳴のような声を曳《ひ》きながら消えてゆく。そしてもっとおおきな花火が次々と、黒い夜にさまざまな模様を描きながら、人たちの歓声を煽《あお》るように咲いては散ってゆく。夏が真っ盛りの港祭りは忘れられない風景だった。

祖父は幼いわたしを肩車に乗せ、祭囃子《まつりばやし》に拍子をとり、人混みを踊りながら歩いて、わたしを喜ばせてくれた。浴衣《ゆかた》を着流した祖父は若くて、いなせで、ひょうげていた。わたしも両手を空にかざして祖父に和した。

ピーヒャララ、ヒャッ、ヒャッ。

あまりにも静かに横たわる祖父に裏切られたような、捨てられたような恨みがほとばしった。ちいさな声で歌ってみた。

ピーヒャララ、ヒャッ、ヒャッ。

うっすらとしたほほ笑みのまま祖父の顔は動かなかった。涙の中で、わたしの哀《かな》しみが〝しゅるーん〟と闌《すが》れていった。

〈おじいちゃんの「果てしない」は終わってしまったのだ〉

宇宙というものにはないとされる「死」は、人間や動物、草木にはあるんだ。

いつかは死ぬんだ、と思った。すっかり大人になってからも「死」、つまり「別れ」はどんなに楽しいときも、わたしの心の裡側《うちがわ》にじっとりと静かに横たわっている。

人生が華やいでいるときに訪れる死。

恋の死。

愛の死。

友情の死。

そしていつかは訪れる、生きることの終わりにくる確固たる肉体の死。

「死」はさまざまなかたちでわたしの持ち物になった。わたしに「死」というものを教えてくれたこの母方の祖父は、静岡県三島の旧家に生まれた。広大な土地持ちだったと聞いたが、寺子屋やそろばん塾も開いていたという学問一家だったらしい。祖父は長男ではなかったので、「青い眼の異人さんが乗ってきた船が見たい」と横浜へやってきた。

お金がなかったのか、沖仲仕《おきなかし》をやったり、かと思うと、菊作りの道楽に明け暮れたり、元町にできた日本で初めてのパン屋「ヨコハマベーカリー」で出会ったフランスの領事と親しくなり、自宅に招いて宴会をしたり、憧《あこが》れのフランス船の豪勢な晩餐会《ばんさんかい》に招かれたりと、謎《なぞ》と魅力に満ちた人物だった。母やその兄弟姉妹は食事時にはコップに数滴の赤葡萄酒《あかぶどうしゅ》を入れて、薄ピンク色の水を飲んでいたという。

小学1年生(1939年．後列中央)

お正月にはかるた会を催した。若かったわたしの父はかるた取りの名人で、その姿に見とれた母と結ばれたということらしかった。この祖父を主人公にして、明治十年代から百年以上にわたる親子三代の物語『風が見ていた』(上・下、新潮社、二〇〇三)という小説をわたしは書いた。それは、わたしが祖父の旅立ちの齢《とし》より年嵩《としかさ》になってからのことである。

今書いているこの物語のわたしはやっと小学生になったばかりである。小学生時代のことは、駆けっこが速かったことと、算数というものが大の苦手になったことしか憶えていない。嫌いになった原因がお粗末だった。父が神奈川県庁に入る前は、学校の国語教師だったこともあり、わたしは勉強が好きだった。小学校へ上がる前に平仮名もカタカナも憶えてしまったし、ややこしい漢字の書き方や、字画の数え方も父は面白く教えてくれた。

一年生のとき、算数の試験があった。

次のカッコに適当と思う数字をいれよ。

1・2・(　)・4・5・(　)・7・8・(　)。答えは3、6、9と単純なものだったのに、生まれて初めての「試験」という経験にわたしは緊張しすぎていた。わたしはカッコの前の数字をその都度、足し算をして答えてしまった。他の問題も「試験」という事件に見合うように複雑な勘違いをして、十点満点の二点だった。担任の谷戸《やと》民《たみ》先生から、次の日曜日に「家に遊びにいらっしゃい」と言われた。

母に伴われて訪れた先生の客間で、「あなたは、成績一番の級長さんなのよ。

みんなが出来た簡単な問題を級長さんのあなたが出来ないのはおかしいでしょ」と言われて、出されたカルピスのコップを、スカートの上に落としてしまった。わたしは幼いときからショックを受けると、握力が抜けてしまう癖があった。〈「適当」と思う思い方が、みんなと違っていただけなのに、先生は分かってくれなかったんだ……〉と、がっかりした。谷戸先生は丸顔の大柄な女の人で、さばけていてやさしかったけれど、厳しいときは怖かった。かすかな無念さが残り、算数というものが苦手になった。

それから何十年も経った、一九九三年秋に上梓《じょうし》したエッセイ集『ベラルーシの林檎《りんご》』(朝日新聞社)が、日本エッセイスト・クラブ賞を受賞した。その記念にと、朝日新聞社が、ニューヨークとロサンゼルスで文化講座のようなものを設けてくれて、初めて海外の日本人向けの講演に招待された。アメリカの二つの都市で、わたしは大歓迎を受け、それだけでも感激したのに、ロサンゼルスで信じられないことが起こった。

講演のあとのパーティーで、群がる人々をかきわけて、杖《つえ》をつき、お嬢さんらしき人に手を引かれて、丸顔で大柄な、もう若くはない女性が満面の笑みでわたしに近づいてきたのだった。人の顔や名前を憶えられないわたしが、まさかっと思って駆け寄った。

「谷戸先生⁉」

「恵子さん！ 憶えていてくれたのね。簡単な問題を勘違いしちゃった恵子さん！ 憶えていてくれて嬉しい！」

えっ、先生は気が付いていてくれていたんだ、と胸がほのぼのと湿ってきた。

「『ベラルーシの林檎』、素晴らしかったわよ。何度も何度も読んだわよ。講演もよかった！ 嬉しい、嬉しい、逢《あ》えて、ほんとに嬉しい！」

わたしの肩を抱いた先生の老いた腕があたたかかった。

「わたしは今、アメリカでお百姓さんをしているのよ。あなたに逢いたくて、遠い州から今朝《けさ》飛行機に乗って娘に連れられてやってきたのよ」

わたしの人生の中で、忘れられないこの場面は、算数で落第点を取った級長さんから、五十五年が経っていた。

2 「細い」というコンプレックス

いなせな祖父に付きまとっていたわたしは、母方の祖母が苦手だった。ころころと七人もの子を産み育てた祖母は、当時の標準から見たら、美女と言えるほど顔も姿もよい人だった。ただ祖父のからりとした明るさがなく、暗くて湿っぽかった。

彼女が我が家に来ると、必ず家中に煎《せん》じ薬《ぐすり》の臭《にお》いが漂った。野や山に行ってわたしのために摘み取った薬草を台所で煎じ、大きなコップに入れてわたしを追いかけまわすのだった。当時、つまり昭和初期の人たちの健康観は「子供はまるまると肥《ふと》って元気がいい」というものだった。わたしはしごく元気で、お転婆でさえあったのに、か細かった。お菓子、特にチョコレートケーキが大好きだったのに、肝心の食事が苦手だった。食卓に着いただけで気分が削《そ》がれた。そんなわたしを祖母は腺病質《せんびょうしつ》と決め込んだ。母もそんな祖母に手を焼きながらも、祖母の心配癖が乗り移るときもあった。

あるとき、祖母がいつものようにひそひそと母に何かを説得していた。危険を感じたわたしが、庭の木に登って隠れていたら、珍しく祖母が、明るい声でわたしを誘った。伊勢佐木町《いせざきちょう》のデパートに行って、わたしの好きなものを買ってくれるというのだった。幼いわたしは誘いに乗ってしまった。

スキップをしながら祖母と母に手を引かれて歩く上機嫌のわたしが、ええッ！とのけぞって驚いたのは、二人が足を止めたのがたくさんの蛇がうごめいているウインドウの前だったからだ。

「いい子だからちょっとここへ入りましょ。そのあとで、絵本でも何でも買ってあげるわよ」

祖母の力ずくの説得にわたしはその店に入った。店の中は四、五人の客で賑《にぎ》わっていた。そんなに怖がることもなさそうだ、とわたしは踏んだ。

祖母はあらかじめ計画していたのだろう、わたしが入るとすぐに、上《あ》がり框《がまち》の座敷に白衣を着た人が現れた。「お嬢ちゃん、ちょっと上がってここに座ってください」とその人は言った。威厳のようなものに圧《お》されて、出された座布団に座ると、「ちょっと身体《からだ》を診《み》させてもらいますよ」と言って、いきなりわたしの洋服をまくり上げ、背中を撫《な》ぜまわした。

〈なにされるの？　この人お医者さん？〉

騙《だま》された！　という顔で祖母と母を見ると、二人ともにこにこ笑って頷《うなず》いた。

〈だから大人は嫌い！〉

それから起きたことは信じがたいことだった。白衣の人の指示で、にょろにょろと動き回る蛇が三匹生きたまま火で炙《あぶ》られた。あまりのことに青ざめたわたしを母が店の外に連れ出した。忘れられないこの悪魔の日の結末は、焼かれた三匹の蛇の粉末をオブラートに包んで呑《の》まされたわたしが〝げッ、げッ、げー〟と吐き出して、「もったいない！」と悲鳴をあげた祖母を、泣きながら睨《にら》んだことで終わった。

この店は由緒ある蛇治療で世に知られた老舗《しにせ》だったとか。たしか「黒田救命堂」という屋号だった。そのときから何十年も経《た》って、半年ほど臨時で来てくれたお手伝いさんが伊勢佐木町の出身で、「あそこの蛇やさん有名で、今もありますよ。専門のお医者さんが身体を見て、蛇を選んでくれるんですよ。せっかくおばあさまが買ってくれた蛇の粉末薬、捨てたんですか」と言ってもったいながった。

祖母はほっそりとして華奢《きゃしゃ》なわたしを心配しすぎて、逆に、「細い」という始末の悪い終生のコンプレックスをわたしに植え付けたのだった。大人になってから、従妹《いとこ》の一人が言った。

「父を早く喪《うしな》ったわたしは母と実家で暮らしたんだけど、おばあさんはとてもやさしくて大好きだった。孫が大勢いるのに、懐《なつ》いてくれない恵子さんが一番のお気に入りだったのよ」

何と言われても、妙な臭いを立てた蛇の粉末を思い出すと、今でも吐き気を催してしまう。

3 疎開の風景

一九四一年十二月八日に日本軍が真珠湾を攻撃して太平洋戦争が始まった。山下公園で遊んだ日々も、ホテルニューグランドのお子様ランチも、日常からかき消えた。金髪の少女を日本から追い出した戦争は長いこと続いた。戦況が激しくなり、わたしたち都会に住む子供は、「疎開」という制度のもとに強制的に地方へ移転させられた。

わたしは父に伴われて、江戸時代からの旧家だという岸家の本家、神奈川県厚木の在にある上荻野《かみおぎの》の屋敷に連れて行かれた。それは桑畑の中に突如として現れる、長い白壁を連ねた「御殿」と言えるほどの大邸宅で、その立派さにわたしは怯《おび》えた。おそるおそる入った玄関から伸びていた廊下は、磨き立てられ黒く光っていて鏡のようだった。岸錦《きしにしき》、岸十兵衛《きしじゅうべえ》と交互に襲名したという、そのときの当主はわたしを喜んで迎え入れてくれたのに、わたしは怯えたままだった。

生まれ育った横浜のささやかだったかも知れないが、山の上の明るくモダンな我が家が恋しかった。幅の広い木製のテラスに戻りたかった。母と木登りをして、熟れた柿《かき》をどっちが先にもぎ取るか競争したり、庭の見える座敷に吊《つ》った大きな蚊帳《かや》の中で、枕合戦をしたりして遊んだ。そんな無邪気な笑いが、いかめしく立派な本家からは湧《わ》き出さない気がした。歴代の当主やその家族が刻んだ暮らしぶりが、立派すぎる屋敷の隅々に色濃く潜んでいた。父も長男ではなかったので、結局、分家である父の弟の家に疎開した。立派とはほど遠いその田舎家のほうが、あたたかい感じがしたのだった。

疎開先の荻野小学校にはクラスにわたしを含めて三人の都会っ子がいた。三人とも成績が良かったので、それが癪《しゃく》に障るのか地元の同級生によくからかわれたり、いたずらされたりした。

小学生にも勤労奉仕の時間があり、わたしたちは畑の脇《わき》にある土手にズラリと座らされた。背負った籠《かご》に先生がサツマイモをドサリ、ドサリと入れてゆく。それを近くの農家まで届けるのだった。号令とともに一斉に立ち上がるのだが、都会育ちの三人はスッとは立てない。わたしはお尻《しり》が一センチも上がらなかった。ヤンヤと囃《はや》し立てられ、先生が「よっこらしょ」とおどけて手を引っ張ってくれた。よろよろと歩くわたしは、背中にチリリと焼けるような痛みを感じて悲鳴をあげた。

「先生、背中に何かいる」

先生はわたしの背中に手を突っ込み、一匹の大きなクロアリをつまみ出した。

「誰だ。この子の背中にアリンコを入れたのは」

「おいらだ」

餓鬼大将《がきだいしょう》が悪びれもせずに即答したのがおかしくて、先生は「こらッ」とその子の額を小突いただけで終わった。

また別の日には雨でぬかるんだ畑で麦踏みをした。ときどきミミズがにょろにょろと地面から出てくる。わたし以外の二人の都会っ子が〝きゃあ〟と悲鳴をあげた。

「都会もんの意気地なし」

と囃し立てる男子生徒の顔の前で、わたしは大きなミミズ二匹を両手でつかんでブラブラさせた。

「ミミズくらい平気よッ」

皆がポカッと口を開けた。父が釣り好きだったので、わたしは餌《えさ》のミミズを釣り針に刺して褒《ほ》められていたのだ。ミミズ事件以来、少しばかりソンケイされたのか、わたしたち都会っ子とみんなは仲良しになった。

話がとんでしまうが、岸家本家のその後を語りたい。

本家は十何代目かの当主が、何度も改築したその屋敷を厚木市に寄贈したのだった。当節、あんな広大なお屋敷は、税金や維持費が莫大《ばくだい》にちがいない。

曖昧《あいまい》な記憶の中で、今から二十年以上の昔、厚木市に講演会に行ったとき、本家の御当主夫妻が来てくれた。驚いたことに、疎開が終わっても荻野に住みついたかつてのクラスメイトも一緒だった。麦踏みのとき、にょろにょろと出てきたミミズに〝きゃあきゃあ〟言った疎開っ子の鈴子さんだった。わたしたちは懐かしさに涙を浮かべて肩を抱き合って大騒ぎをした。本家の御夫妻は感じがよく、初めて会ったとは思えない懐かしささえ感じた。

「今は、屋敷の隣に小さい家を建てて住んでいる」と言った御当主は、「江戸時代から襲名している錦、十兵衛からいくと、自分は十兵衛になるのが面映《おもは》ゆくて、名前を変えました」と笑った。なるほど、ほっそりと姿のいい佇《たたず》まいが、いかにもモダンなインテリっぽくて十兵衛さんは似合わないと思った。

女子大出身の奥様も清々《すがすが》しいほほ笑みで、上梓《じょうし》したという歌集をいただいた。著者名は岸ユリだった。

4 「今日で子供はやめよう」

一九四四年の話に戻る。太平洋戦争が厳しい戦局になった末期、疎開生活には「苦楽」という言葉の「苦」だけがあり、「楽」はなかった。現実にはなかった「楽」の部分を、わたしは当時流行《はや》ったベティちゃんに託して、面白い漫画を描き横浜の両親に送っていた。そのわたしも小学六年生になり、女学校入試のために疎開先から横浜へ戻った。

自宅近くにフェリス女学院(戦時中は横浜山手女学院)という名門校があったのに、敵国のミッション・スクールなどとんでもないと、県立横浜第一高等女学校(現在の県立横浜平沼高等学校)を受験した。高倍率だったが、合格の決め手は時間内に論文を書くこと。テーマは「大東亜戦争について」。

時局や時事問題はいろんなものを読《よ》み漁《あさ》っていたし、作文は得意なのですんなりと合格できた。

敗戦の気配が色濃くなってきても、大本営はひるむことなく日本軍の〝戦果〟をラジオなどで高らかに喧伝《けんでん》し続けていた。

焼夷弾の攻撃を受ける横浜(1945年5月29日).
写真撮影：米軍

　一九四五年三月十日、東京は敗戦を刻印するような大空襲で焼け野原となった。五月二十九日にはわたしの街、横浜も集中的な無差別爆撃で廃墟《はいきょ》と化した。そして八月六日がやって来た。六日の次は九日。広島と長崎に原子爆弾が落とされ、日本は戦争に負けた。

　横浜空襲の朝は素晴らしい五月晴《さつきば》れだった。けたたましい警報とともに真っ青な空は雲霞《うんか》のように押し寄せるB29という銀色の怪鳥で覆いつくされた。朝日を浴びてキラキラと光る飛び魚のような爆撃機は、美しくさえあった。

「あ、きれい……」

と呟《つぶや》いたのを憶《おぼ》えている。それはほんの束《つか》の間《ま》のことだった。B29の大群は身の毛もよだつ恐ろしい本性をむき出しにした。家々や人間を木っ端《こぱ》みじんに破壊する殺人兵器は、あたり一面を阿鼻叫喚《あびきょうかん》の生き地獄にした。

その朝、父はすでに出かけていた。風呂場《ふろば》に駆け込んで、張ってあった水に羽根布団を浸し、わたしをすっぽりと包んだ母の顔が蒼《あお》ざめて白っぽかった。その母を見て、ああ、わたしの家は今日焼けるのかも知れないと思った。

「公園のテニスコートへ逃げなさい。石段の松のところで待っていてちょうだい。はぐれたら山手小学校の講堂よ!」

と言って、表玄関ではなく裏口に走る母を、わたしは悲鳴をあげて追いかけた。

「おかあさん! どこへ行くの!」

「お隣が親戚《しんせき》の告別式でお留守なのよ。赤ちゃんが一人で寝ているの」

にこっと笑って駆けだしながらわたしを振り向いて、「あなたは一人で大丈夫ね、公園よ」と言って、十二歳のわたしを置き去りにした小柄な母は、敏捷《びんしょう》な小動物のようで美しかった。母の顔は真っ蒼なのに眼もとや口もとに、いつもの茶目っ気があり、勝手口から出るときに、もう一度わたしを振り返り、にこっと笑ったので、わたしたちは絶対に助かると思った。

外は生き地獄そのものだった。さっきまで五月晴れの真っ青だった空に、もう青はなかった。空一面がピカピカと光るB29爆撃機という銀色の怪鳥で、青は奪われていた。その怪鳥が落とす焼夷弾《しょういだん》の炸裂《さくれつ》する凄《すさ》まじい音や、視界一面を〝ざざーっ〟となぎ倒す恐ろしい爆風。そこここに爆《は》ぜる火柱。身をこごめて走るわたしに、びしょ濡《ぬ》れの布団が重たかった。大人も子供も、公園の土手を掘って作った急ごしらえの横穴防空壕《よこあなぼうくうごう》へ殺到した。その流れに逆らって一人石段を登ってゆく自分が、急に子供をやめたように誇らしい感じがした。母は公園に逃げろと言った。防空壕へ入れとは言わなかった。

〝ドシャーッ〟という鋭い爆弾落下の音の中で、公園の石段に、斜めに傾いて座り込んでいる若い女性の防空頭巾《ぼうくうずきん》が煙を吐いて焦げていた。喉《のど》が焼けるように痛い。声も出せずにただ夢中でその肩をゆすぶると、硬い身体《からだ》が斜めのままわたしの上に倒れてきた。眼を見開いたまま死んでいる女の人の蠟色《ろういろ》の頰《ほお》に、髪の毛が焼けちぢれて這《は》っているのを見た。死体に乗られて、身動きのできないわたしを、腕章を巻いた男の人が助け出してくれながら怒鳴った。

「こんなところで何をしている! 子供はみんな防空壕だ」

その人は母の濡れ布団を引きはがした。一部に火がついて焦げていたのだった。砂利道を引《ひ》き摺《ず》られ放り込まれた防空壕は、詰め込まれた子供や、大人たちの怯《おび》えた顔が引《ひ》き攣《つ》れていた。土を掘っただけの暗い穴を見て、ここにいたら死ぬと思った。暗い穴の中で死ぬのは嫌だった。

大人たちが止めるのもきかず、わたしは地獄の中へ飛び出した。地面まで熱い公園の坂道をバッタのように飛び跳ねて走った。母の言った石段の曲がり角まで来たとき、なぜか夢中になって松の木に登った。木登りはお手のものだった。

と、身近に爆音がして、B29とはちがう、小型の飛行機がぐーんと高度を下げ超低空飛行でわたしのほうへ飛んでくる。ピシピシという鋭い怪音を立てて機銃掃射が始まった。弾《たま》はわたしを逸《そ》れてくれたが、殺気をはらんだ飛行機がすぐ傍らを通ったとき、パイロットの蒼ざめた顔が機体の窓から見えた。

そのとき、耳をつんざくような轟音《ごうおん》がした。少し高度を下げたB29の大群は、ニュース映画で見るよりはるかに殺気をはらんで鈍色《にびいろ》の爆弾を降らし、直撃されたらしいわたしの家が白い炎を噴きながら、ふわんふわんとお化けのように膨れ上がって、おどるように燃え崩れているのだった。我が家の欠片《かけら》が飛んできた。海外で仕事をしていた叔父がプレゼントしてくれたビー玉のような首飾りを思った。それは母が大事にしていたヴィーナスの白い胸像に掛けてあった。

「シンガポールで見た大きな太陽が海に沈むとき、海も空も人も朱《あけ》に染まってきれいだった」

と叔父は言った。血のように朱《あか》い太陽のしずくが、メタモルフォーゼしてあのビー玉になったという小説をわたしは書いていた。それらが焼け焦げてわたしに向かって飛んでくるような気がした。

「燃えろ、燃えろ」

わたしは呪文《じゅもん》のように唱えながら松の木にしがみつき、恐ろしさにがたがたと震えていた。

隣家の赤ちゃんを抱いた母に会えたのは、山手小学校の講堂の入り口近くに爆弾が落ちて、悲鳴と、炎と煙で息が苦しくなったときだった。もうもうと蔓延《はびこ》る煙の中から現れた母の顔が、わたしを見て、泣きべそ色の笑顔になった。

わたしが逃げ出した急ごしらえの横穴防空壕にいた人たちは、土砂崩れと爆風でほとんどが死んだ。大人の言うことを聴かずに飛び出したわたしは生き残った。

「もう大人の言うことは聴かない。十二歳、今日で子供をやめよう」と決めた。

5 黒い太陽

空襲の翌日、横浜に住んでいる親族の安否を尋ねて、父と一緒に横浜の廃墟《はいきょ》を歩き、無数の死体を見た。川に浮いた土左衛門《どざえもん》。黒光りした焼死体。それらがトラックの荷台に積み上げられてゆく。その都度、父の手がわたしの眼を覆ったが、それでもわたしは見てしまった。前日まで生きていた人たちの凄《すさ》まじく変わり果てた亡骸《なきがら》を。

高台にある掃部山《かもんやま》に着くと「ここに井伊直弼《いいなおすけ》の銅像があった」と父が呟《つぶや》いた。金属類回収令で取り払われた井伊直弼の銅像よりも、わたしは掃部山を含む野毛《のげ》山《やま》から海までが見渡せる街全体が、平べったい瓦礫《がれき》となって燃え続けている眺めのほうにむごたらしさを感じた。

空には腐った柘榴《ざくろ》のような黒い太陽が血の色を刷《は》き、瓦礫からは生き物が焼けただれる胸を抉《えぐ》るような異臭が湧《わ》いていた。この年の五月から六月、空襲後の横浜には快晴が続いた。それなのに太陽は何日も何日も黒く昇り、空の青さは戦争というまがまがしい煙で薄暗く濁り、舞台装置の書き割りのような、非現実的なはしゃいだ暗さが澱《よど》んでいた。

敗戦を実感したのは八月十五日の玉音放送ではなかった。九月二十七日、東京・赤坂の米大使公邸で、昭和天皇が連合国軍総司令部（ＧＨＱ）の最高司令官ダグラス・マッカーサーと対面した写真を見たときだった。ラフな開襟シャツのマッカーサーの隣で、正装した天皇陛下は直立不動の姿勢だった。〈日本は負けた〉と思った。

戦後の食糧難は戦中よりもひどかった。親戚《しんせき》に農家がないわたしの家では、母の訪問着が僅《わず》かな米やジャガイモに換えられていった。一緒に列車で買い出しに行ったわたしは、混みあった車内でリュックサックを背負った人々が慌てふためく有様を見た。闇物資《やみぶっし》の摘発員が乗ってきたのだ。苦労して手に入れた食糧の入ったリュックや両手に抱えた風呂敷包《ふろしきづつ》みを、車窓から捨てている無念そうな顔を見た。無情に捨てられた食糧は線路脇《せんろわき》に待機した人たちが奪ってゆくにちがいない。わたしは僅かばかりの収穫を、母からもぎ取り、隠しもしないで手にぶら下げていて無事に済んだ。

あるとき買い出しの収穫がなくて母としょんぼり歩いていると、米兵を満載したジープが脇に止まり、チョコレートの包みをわたしにくれようとした。母の硬い視線に躊躇《ちゅうちょ》しているわたしを見て、米兵は缶詰をたくさん入れた茶色の大きな紙袋を道端に投げて、笑いながら「バイバ〜イ」と賑《にぎ》やかに走り去った。夢中で駆け寄ったわたしの頬《ほお》に母の平手が飛んだ。

「だって……」

「いけません」

わたしは米兵が投げた紙袋をふり返らず、前だけを見つめて大股《おおまた》の速足で歩いた。意味の分からない涙が頬をぬらした。

戦後の復興は早かった。

父操は三味線を弾き，小唄を歌った

　ガード下にうずくまる戦争孤児たちに白い粉末の殺虫剤ＤＤＴがかけられ、そこここに熱気が渦巻く闇市が立った。

　「いざ来いニミッツ、マッカーサー。出て来りゃ地獄へ、逆落とし……」（『比島決戦の歌』西條《さいじょう》八《や》十《そ》作詞、古《こ》関裕而《せきゆうじ》作曲）と歌っていた日本人は、あっけなくマッカーサーになびいた。変わり身はあまりにも早かった。

　我が家ではサツマイモの茎が主菜のおかゆを、父が茶席でおうすでも飲むように端然とすすっていた。わたしはチョコレートケーキを食べた夢を見て胃けいれんを起こした。「胃がビックリして空風呂を焚《た》いたんだろう」と父は言った。

学校で堂々と蓋《ふた》を開けた同級生のお弁当が白米に青菜まで添えてあるのを見て、わたしはふかしたサツマイモだけのお弁当を蓋で隠して食べた。

混乱に乗じて財を成した者もいれば、父のように清廉を貫いた人もいる。そんな父を清々《すがすが》しいと誇りに思ったり、頼りないと思ったりした。父は栄誉栄達に関心がなく、多趣味に明け暮れた人だった。県庁にテニス部を創設し、「岸杯」という対抗戦を主宰した。琵琶《びわ》を弾き語り、三味線や小唄《こうた》もうまかった。顔形はそっくりなのに、美声のDNAはわたしを通過してしまった。躾《しつけ》に厳しかった母とは正反対で、小言を言われたこともない。けれど、もの心ついたころにはいろいろなことを面白く教えてくれていた。幼いわたしは、絵や字を書くのが好きだった。

父がよく歌った渋い声は今でも耳に残っている。

ここはお国を何百里　離れて遠き満州の
赤い夕日に照らされて　友は野末の石の下
（『戦友』真下飛泉《ましもひせん》作詞、三善和気《みよしかずおき》作曲）

「悲しい軍歌ね」と言ったわたしに「これは戦争賛歌ではない。反戦歌だ」と父は言った。

6　泥棒と痴漢

空襲で焼け出されたわたしたちは、野毛山《のげやま》続きの高台にある、横浜市南区庚《かのえ》台《だい》八十七番地の家に落ち着いた。空襲の傷痕《きずあと》は生々しく、庭にはまだ不発弾が突き刺さっていた。それを撤去した日、「危ないっ！」と叱《しか》られてもわたしはしゃがみ込んで、撤去作業の一部始終を眺めていた。

学校から帰ると、家には必ず母が待っていてくれた。ジャガイモと玉葱《たまねぎ》をスライスしたスープに、なけなしのバターを奮発したおやつを、わたしはこの世でいちばん美味《おい》しい食べ物だと思ってガツガツと食べた。

ある日、学校帰りのわたしが「ただいま」と玄関を開けると珍しく母の姿がなかった。と同時に「泥棒ッ！」と叫ぶ母の声が聞こえた。その家は幅広の緩やかな坂の上から三番目にあった。家から下は畑だった。その畑の中を母がすごい勢いで走っている。

「泥棒ッー。お釜《かま》返して‼」

母の悲鳴の百メートルほど先に、唐草の風呂敷《ふろしき》を背負った男がつんのめりそうな様子で必死に逃げていた。泥棒を追う母をわたしが追った。華奢《きゃしゃ》な母が追いつけるはずもなく、畑にへたり込んで悔しがった。

「苦心して手に入れた白米の御飯を炊いたのよ。ピッカピカの白米よ。まだ蒸らしている最中だったのに」

親族に農家がない都会者が配給米以外に白米を手に入れるのは大変だった。母はわたしに真っ白な御飯を食べさせたかったのだ。

明治生まれの躾《しつけ》や作法にうるさい母が、髪を振り乱し着物の裾《すそ》を蹴《け》散《ち》らして泥棒を追いかける姿には、心打たれるエネルギーがあったし、まだ熱かったにちがいないお釜を背負って、何回も突《つ》っ転《ころ》びながら一心不乱に逃げきった泥棒にも、なんと逞《たくま》しい根性があったことか！　と、わたしは今も感動している。

その泥棒事件から半年も経《た》たない、わたしが十三歳か十四歳だったころの、小ぬか雨の降るある夕暮れのことだった。野毛山の図書館から帰るわたしは樹々《きぎ》の生い茂る坂道で痴漢に襲われた。雨の音や木のざわめきの中でも、背後に不穏な気配を感じて急ぎ足になったとき、後ろからいきなり抱きつかれた。わたしは数秒前から握りしめていた教科書の詰まったカバンを力いっぱい振り回して叫んだ。

「助けて！」

あらん限りの声で叫びながら振り回し続けた。叫びながら振り回したカバンの勢いが余って、痴漢もわたしもぬかるみに足を取られ、滑って転んだ。相手は小男だった。〈勝った！〉と思った。どう勝つのか……、叫び続けるしか

読書好きだった母千代子．後ろには父の琵琶

ないと思った。坂道には敗戦後わずかの月日にもかかわらず、新築の家々が建ち、窓から明かりが漏れているのに、それらの窓はわたしがいくら叫んでも開かなかった。

突然、雨が降る暗闇《くらやみ》を走り寄ってくれた大柄な若い女性が痴漢の腕をつかんだ。

「こらッ！　何をしている」

痴漢の頭の上にフライパンを振り上げた。野菜がこぼれた。夕飯の支度でもしていたのか、わたしの叫び声を聞いて駆けつけてくれた彼女は、ぬかるみに裸足《はだし》で仁王立ちになっていた。

「あんなパンパンがいて風紀が悪い」

と噂《うわさ》されていた黒人兵のオンリーさん(情婦)だった。そのとき、新築の家々の背後にあった、戦後丸出しのひしゃげたトタン張りの小屋のドアが開き、裸電球の淡い光を背負いながら、背の高い黒人兵がゆったりと近づいてきた。黒人兵は静かだった。怯《おび》えきった痴漢の腕をねじ上げ、ドスの利いた低い声で何か怒鳴った。痴漢は貧相な顔を真《ま》っ蒼《さお》にして、全身が波を打つように震えていた。その耳元でまた何かを怒鳴り、痴漢の背中を蹴飛ばした。

〝ひゅえ〜〟と悲鳴をあげながら、痴漢は坂を転げ落ちるように逃げて行った。

「ホワイ?」なぜ逃がしたのかといぶかしむオンリーさんに、黒人兵は訴えるように呟《つぶや》いた。その英語は分からなかったけれど、〈状況は違うけれど、ぼくは戦場でああいう怯えた顔を見すぎてきたんだ〉というようなことを言ったのだと思った。戦争をかいくぐって生き抜いてきたその顔に、深くてやさしい情けをわたしは見た。

二人は夜になった暗い坂道を、わたしを挟むようにして歩き、家まで送ってくれた。母にお礼を言ってもらおうと駆けだしたわたしを止めて、オンリーさんが言った。

「わたしみたいな者を見たら、おかあさんが吃驚《びっくり》するよ」

二人はにこっと笑い、「バイバイッ」と手を振って夜の中に消えていった。

7　恩師のひとこと

幼いころから物語を読むのが好きだったわたしは、このころから川端康成の文章に魅せられていた。『花のワルツ』を読み、挫折《ざせつ》してゆくバレリーナの切ない美しさに惹《ひ》かれて、わたしもバレエをやりたいと思った。

「バレエ……？」と驚いた母が、父と相談したのか、翌日晴れやかな顔で言った。

「お茶とお華の稽古《けいこ》をするならバレエをやってもいいわ」

「お茶とお華？　まるで花嫁修業じゃない」と今度はわたしが驚いた。わたしは生来順応性があるのか、人がいいのか、素直に何にでも興味を持ってしまうのか、いやだと思った茶華道に夢中になり、二年も経《た》つと代稽古をまかされ、県立平沼高等学校を卒業するまでに免許皆伝、師範の腕になっていた。

その先生の家には、男の三兄弟がいた。長男に英語と数学の個人教授になってもらった。東大生の彼は、色白の絵にかいたような美男で、神経質そうなところがわたしは苦手だった。

次男は、「一中」と呼ばれていた神奈川県立横浜第一高等学校（現在の希望ケ丘高等学校）の生徒で、わたしと同い年だった。「バンカラ」な彼とは勉強で競い合った。長男が東大で英語が得意だったので、彼は早稲田の仏文を受けると言い出し、わたしもそれに倣《なら》った。

「エゴイズムとエゴサントリズムの違いは知ってるかい」などと言ってわたしを煙《けむ》に巻いた。兄とは対照的にざっくばらんでさっぱりとした性格だったが、どうも昔からある日本男児の典型のように、「男尊女卑」的傾向があった。仲が良かったが、女のわたしを見下した言動が癪《しゃく》に障った。よくは理解もできないくせに、仏文学の大家の作品を挙げて議論し合った。彼は読書量だけで言えば、わたしをしのいでいたかも知れない。

『若き娘たち』読んだかい。モンテルランだぜ」

「フン、とっくに読んだぜ、第二部の『女性への憐憫《れんびん》』、彼はさ……」と言ってわたしは詰まった。

「つまり、ミザントロープっていう奴じゃないの？」

「それを言うならミゾジン、女嫌い。ミザントロープは人間嫌い。モリエールの『ミザントロープ』も読んでないのかよ」

「そんなの読んだからって威張るなよ。偉そうにモンテルランやモリエールを気取るなよ。フランスの古典ばっかり読んでいい気になるな。川端康成でも読んで勉強しろよ。それに宮崎滔天《みやざきとうてん》の『三十三年之夢』読んだかよ。文語体ですっごく魅力的な文章だぜ！」と、わたしも負けていなかった。

「おッ！　さっきから、すっげえ言葉遣ってるぞ。君のおふくろさんが聞いたら、卒倒するぜ」

「おふくろさまの前で、こんな言葉遣うかよ！」

とわたしも混ぜっ返して二人は転げまわって笑った。

今思うと彼は良きライヴァルだった。生涯を通じてわたしにライヴァルがいたのはこの時期だけだった。

こうしてわたしは首尾よく、銀座の裏通りにあった、交詢社《こうじゅんしゃ》ビルの三階、小牧バレエ学校に通うことになった。授業が終わると、同級生の田中敦子さんと横浜駅へ全速力で走り、東海道線の列車に飛び乗って新橋で降りる。

平沼の校服ではなかったけれど，セーラー服が着たくて自分で縫った（1947 年）

敗戦の爪痕《つめあと》がまだ癒《い》えないこの時代、ちょっとした海外旅行に出かけるような夢をかき立てる日々だった。通称「第一高女」と呼ばれていた平沼高等学校では演劇と舞踊サークルに属し、クラス委員も務め、毎日ぎっしりとした課題を嬉々《きき》としてこなしていた。ある年の文化祭で、わたしは『人魚姫』という創作劇を書き、舞台装置から演出までした。自分も舞台で演じたのかどうかは忘れてしまった。

舞踊サークルでは、今、女優・草笛光子として輝いている、クリちゃんこと栗田光子と一緒だった。彼女は当時から明るい性格で歌や踊りがうまかった。「オケラ」という綽名《あだな》の小柄できびきびと気持ちのいい先生のもとで、わたしたちは創作舞踊というジャンルに挑戦していた。

勉強では、わたしの得意科目は国語だった。歴史や社会科にも興味を持ったが、個人教授の甲斐《かい》もなく数学はゼロ、英語も苦手だった。英語教師は由緒ある寒川《さむかわ》神社の御令息で、クラスの誰彼となく随意に指名し、英文を読まされる。

予習をしていない授業の日に、「ミス、ミス……」と言いながら先生の視線がわたしに留まると、わたしはお腹《なか》に力を込めて先生をグッと睨《にら》む。先生の視線がちょっとうろつき、「ミス、ミス……保谷《ほや》」と隣の保谷さんを指す。

「割食っちゃうわ。あの先生、惠子さんのことがお気に入りなのよ」と嘆く保谷さんは、「お姑《しゅうとめ》さん」という綽名の面倒見の良い人だった。

わたしは早速、ノートをちぎって即席川柳をクラスに回す。

寒川や
ミス、ミス、ミスと
保谷《ほや》かしぬ

そんなわたしを支持する学友もいたが、逆に視線を斜めに滑らせ、嫉妬《しっと》とも言える敵愾心《てきがいしん》を隠さない学友もいた。

国語の教師たちはわたしの文学に対する興味や作文を褒《ほ》めてくれた。けれど大好きだった担任の数学の団琢磨《だんたくま》先生には、自宅に呼ばれてこっぴどく叱《しか》られた。小学一年のときの算数の落第点以来、どうも数学とは相性が悪かった。ある日の試験で、わたしは半分白紙の解答用紙を出してしまった。学級委員をしていたわたしの情けない解答用紙を返してくれながら、団先生は教壇の向こうからわたしの眼を睨んで言った。

「今度の日曜日、ぼくの家に来てくれないか」

次の日曜日、飾り気のない座敷にわたしはちんまりと座っていた。

「君は傲慢《ごうまん》なんだよ。頭はすこぶる良い。他の科目も申し分ない。だから苦手な数学なんかやらなくていいと高をくくっていないか？　君にできないはずがないのにやろうとしない。立派な根性だ」

憤っているはずなのに諄々《じゅんじゅん》と諭す先生の口調に、わたしは声も出なかった。団先生はヒョロリと背が高く、長い顔にかかるボサボサ髪をうるさそうにかき上げる。目立ったところもないのに全校生徒の憧《あこが》れだった。佇《たたず》まいに爽《さわ》やかさをにじませる二十代後半だったと思う。

先生のお説教は二十分ほど続いた。御母堂に出していただいたお茶にも手が出ず、うつむいたままのわたしに先生が言った。

「おふくろがせっかく用意したお菓子ぐらい食べろよ」

それでもわたしは緊張でかたまっていた。

スゴスゴと帰るわたしを玄関の外まで見送ってくれた先生が、突然、苦しげに咳《せ》き込んだ。振り返ったわたしが見たのは先生のやさしい笑顔だった。

「根性を通せ。君にはたくさんの才能がある。好きなことをやれ。人生は短いんだ。苦手なものはやらなくていい」

「えっ？」

この日、わたしが出した初めての声だった。先生はほほ笑んだまま傾いた夕陽《ゆうひ》を背負って立っていた。

その後、社会に出たわたしが心からお礼を言いたいと思ったとき、先生はもうこの世にいなかった。

「人生は短いんだ。好きなことをやれ」

と言った先生は胸を病み、あまりにも早く旅立ってしまったのだった。

8 「映画」という不思議

小牧バレエ団で、小牧正英先生、貝谷八百子《かいたにやおこ》先生たちに憧《あこが》れながら、わたしのクラスは関直人さんや谷桃子さんの担当だった。

あれほど憧れていたのに、わたしのバレリーナとしての前途は真っ暗だった。お転婆だった幼いころのわたしは、庭の木に登ってよく鬼ごっこをした。ある冬の日、飛びついた枝が折れて水がない空池にドサリと落ちてしまった。その上に図体のでかい従兄《いとこ》が降ってきたのだった。ぺちゃんこになったわたしの足は骨折して、長いこと昼間はテラスの長椅子《ながいす》に寝かされていた。まだ小学校へも上がらない幼子だったのに、そのときの後遺症なのか、左脚がどうしてもきれいに上がらないのだった。どうあがいてもプリマにはなれない身と分かっても、虚《むな》しい夢をよすがにバレエに打ち込んでいた。

レッスンを終えたある日の夕暮れ。同級生の田中敦子さんとぶらぶらと有楽町まで歩いて行った。そして、映画館に掲げられた一枚の写真を見てギョッと立ちすくんだ。それは詩人ジャン・コクトーが演出したフランス映画『美女と野獣』(一九四八)のスティル写真だった。体毛に覆われた醜い野獣の、悲しみに満ちた瞳《ひとみ》が切なく美しかった。観《み》たい！と思ったが、わたしの学校では校則で保護者を同伴しない映画鑑賞は禁じられていた。

「ここは東京よ。校章を外せば平気」

ひるむ敦子さんを引っ張って観た映画は、わたしの一生を大きく変えることになる。白黒の映像は美しく、わたしは「映画」という不思議に魅せられた。

「彫像の眼が美女を追いかけてどうして動くの？」

「燭台《しょくだい》の腕が美女の足元を照らして動くのはなぜ？」

胸の中に謎《なぞ》が散らばった。謎は解かなければならない。

「叔父が松竹大船撮影所の所長さんと親友なの。撮影を見せてくれるかも知れない」

と敦子さんが言った。

大船撮影所に見学に行ったのは学校にも親にも内緒だった。大きなセットの中は暗くて埃《ほこり》っぽく、怒鳴り声が飛び交い、雑然としていた。

セットの真ん中にしゃれた洋室が建てられ、きれいな女性が男性と向き合っていた。「李《り》香蘭《こうらん》」という人だと所長の高村潔さんが教えてくれた。わたしはそのカップルよりも、二人の前にデンと座っている大きな物体に圧倒された。分厚い布団を着た妖《あや》しげな代物は「ミッチェル」という撮影機で、稼働するとジージーと音がするので、台詞《せりふ》を録音するために布団をかぶせられていた。布団の割れ目から大きな「眼」が黒く光っている。それがわたしの半生を虜《とりこ》にした「レンズ」という魔物だった。布団を割って一人のおじさんがヌウッと顔を出した。その人が「本番行こうか」と言った途端、耳が裂けそうなほど大きなベルが鳴り、あたりがシーンと静まり返った。わたしたちも思わず息を止めたほどだった。

セットを出ると、俳優養成所の洋館が見えた。ガラス張りの部屋で十数名の男女がダンスや運動を習っていた。

「背筋をもっと伸ばして」

「膝《ひざ》を曲げて歩かない」

キビキビと声をあげる女性は、新人たちに優雅な挙措を教えるために招かれたダンスの先生で、新人女優たちよりもずっと素敵だった。その先生はのちに津島恵子という女優になり、「お嫁さんにしたいナンバー・ワン」の大スター、そして松竹の宝物となった。

撮影所の見物を終えたわたしたちが高村所長にお礼を言って門へと歩いていると、ポンと肩を叩《たた》かれた。セットの中で毛布から顔を出したおじさんだった。「ケーキでもごちそうしましょう」と言い、「ミカサ」というレストランへ連れて行ってくれた。出された美味《おい》しいケーキをペロリと食べたわたしの顔をしみじみと見て、おじさんが言った。

「お嬢ちゃんたち、女優になりたいと思いませんか」

わたしは撮影が見たいだけだった。その人が有名な巨匠、吉村公三郎監督だということも知らなかった。

あとで知ったことだが、何となく撮影所っぽい魅力に満ちた「ミカサ」というそのレストランは、主に、のちに『君の名は』を監督する大庭秀雄監督や吉村公三郎監督、中村登監督たちのたまり場で、撮影所の門の真向かいにあった「月ヶ瀬」は、巨匠小津安二郎さんの御贔屓《ごひいき》。少し離れた「松尾食堂」は、木下学校と呼ばれて多くの名優を育てた木下惠介監督の行き付けだった。

松竹大船撮影所(1952年). 写真提供：共同通信社

女優になってからも、研究生という身分のわたしと敦子さんは、巨匠が割拠するそれら三つのレストランへは恐れ多くて入ることも出来なかった。

撮影所の門にへばりつくようにして、五、六人も座ったら満員になる「グールメ」という、小っちゃくて貧相で、あたたかいラーメン屋があった。そこで新入りの助監督とわたしたちは映画論や演技論をかわし、おおいに盛り上がり、三十円のラーメンを食べて幸せだった。

「月ケ瀬」の令嬢益子さんは、背のすらりと高い素敵な人で、わたしが通った平沼高等学校の先輩だった。佐田啓二さんと結婚して、中井貴惠さん、貴一さん姉弟《きょうだい》の母となった人である。

第II部　映画女優として

［扉写真］

小林正樹監督の『からみ合い』で生涯唯一の悪女役．カッコよかったが，小林作品としては『怪談』や『切腹』にはとうてい及ばない出来だった．金欲が絡んだ汚い話で好きではなかった．腕時計は義母のプレゼント．腕の部分は18金，ポッコリと飛び出た花は純金で，横に付いたポッチを押すと，花が開いて時計が飛び出てくる．貴金属に興味のないわたしが，盗まれて唯一悔しい大好きな作品だった．いつか泥棒物語を書きたいほど，わたしは日本でも，特にフランスでは語るに可笑《おか》しいドロボー事件にたくさん出会った．© 松竹

9　女優デビュー

「研究生という名目で門もセット見学もフリーパスにするので、ときどき遊びに来てください」

松竹大船撮影所の高村潔所長に言われたのは撮影所を見学して間もないころだった。学校の授業やバレエ、茶華道の稽古《けいこ》に忙しかったが、わたしは同級生の田中敦子さんとたまに映画撮影を見に行った。

セット撮影を見学するのは面白かったし、周りの人たちにも可愛《かわい》がられて楽しかったが、いつの間にか、わたしたちは一人のおじさんに付《つ》き纏《まと》われるようになった。奇人四天王と呼ばれていた中の一人、タケダさんという助監督だった。

忙しい時間を工面して撮影所の門をくぐると、降《ふ》って湧《わ》くようにそのおじさんが現れて、わたしたちを引き回す。今で言うストーカーとは違ったが、水先案内人のような押しつけがましさがうっとうしかった。「女優心得」ごときを聞かされるのは堪《たま》らなかった。

「いいおじさんじゃない。恵子ちゃんに夢中なのよ。お蔭《かげ》でわたしまでみつ豆御馳走《ごちそう》になって、悪いなと思っちゃう」

「敦ちゃん」と呼んでいた、仲良しの敦子さんに言われたが、おじさんはいい人なのは確かだったけれども、風采《ふうさい》にも態度にも清潔さがなかった。

おじさんは〈一介の学生を女優に仕立て上げるのは俺《おれ》だ〉と言わんばかりだった。「女優になりたくて、撮影所の門の前をうろうろしていたのを俺が見つけて、入れてやった」そんな嘘八百《うそはっぴゃく》に、わたしがあからさまに彼を避《さ》けると、あの子は不良になって手が付けられないとか、さまざまな噂《うわさ》を作ってばらまいた。撮影所へ行くのがすっかり嫌になって、わたしには女優はやっぱり向いていないと、高村所長に申し出た。

「彼は有名な奇人なんだよ。悪気はないんだ。気にしない、気にしない。誰も本気で聞いてはいないよ」

ところが彼が振りまいた作り話を、その後半世紀も経《た》った昨今でも面白おかしく取《と》り沙汰《ざた》する気配があると分かって、でっち上げのデマが人々に蔓延《まんえん》し、それが事実と思われる恐ろしさに、わたしはしばしば憂鬱《ゆううつ》になった。たとえば、二〇一四年六月にキネマ旬報社が、シリーズの一端として『女優 岸惠子』という素晴らしい本を出してくれた。わたしより早く読んだ友人が、当時松竹大船撮影所にいた人が語っていることが誤解を呼ぶ、と報《しら》せてくれた。

そこには「岸惠子を気に入った高村所長が、学生時代から研究費として四千五百円を支給して、高校へも奨学金を出して卒業させた」というようなことが書かれていた。何たる嘘八百！　書いた人に悪意はない。事実、松竹は「歌をうたえる女優になってほしい」と、敦子さんとわたしに鈴木林蔵さんという声楽の先生を紹介して、月謝を支払っていてくれたのか、月謝代を渡されたのか憶《おぼ》えていない。記憶力抜群の敦子さんによれば、それは千円だったという。「歌のうまい女優」になりたくはなかったわたしは、そのレッスンが堪らなく負担だった。そうこうしているうちに、高校三年生になる春休みを迎えたわたしたち二人は、高村所長とのちに監督になる野村芳太郎さんに請われて、教育映画『アメリカ博覧会の一日』(一九五〇)に女学生役で出演した。記憶が曖昧《あいまい》だが、博覧会を見に行く一家の話で、父親役は北龍二さん、母親役を望月優子《もちづきゆうこ》さんが演じた。その望月さんが宿の部屋で突然言った。

「恵子ちゃん、女優というのはいろんな衣装を着るのよ。その衣装に見合った心を作るのがたいへんなの」

と言って自分の着ている着物を脱ぎ、わたしに着せてくれた。中年のおばさんの着物を闇雲《やみくも》に着せられて、わたしは窮屈だったし居心地が悪かった。望月さんのあたたかいような、厳しいような視線に見つめられて、いつ脱がしてくれるのだろうと思いながら、出された夕飯を食べだしたところで大喝された。

「なぜ衣装のままで御飯を食べるの? 衣装は役者の魂なのよ」

言葉そのものはよく憶えていないけれど、わたしはポカンとして、慌てて着物を脱いでほっとした。望月さんがどうしてあんな態度をとったのか分からなかった。

それからも何度も共演した望月優子という女優を、わたしは次第に尊敬するようになった。厳しさの中に熱いやさしさを感じられる素晴らしい女優だった。最後に共演したのは、『怪談』(一九六四)だったように思うが、幻想的な恐ろしい「雪女」と「貞淑な妻であり母」を演じたわたしの、お姑《しゅうとめ》さん役だった望月さんが、撮影中にすーっと寄ってきて言ってくれた。

「恵子ちゃん、いい女優さんになったわね」

かつて「衣装というものには、役者の魂が籠《こ》もっているのよ」と詰《なじ》ったときの厳しさが消えて、やわらかいほほ笑みで、二役を演じ分けるわたしを見つめてくれた。

『アメリカ博覧会の一日』は教育映画という特殊な作品ではあったけれど、はじめての撮影というものに強い刺激を受けたわたしは、春休みに「梯子段《はしごだん》」という短篇小説を書いた。その内容は体験とは全くちがうものだったが、望月さんから享《う》けた印象がどこかに跡をひいていた。わたしは父から教えられたむずかしい漢字を使って、小説というものを書いてみたかったのだった。

従姉《いとこ》の夫に若槻繁《わかつきしげる》という人がいた。『人間の條件』(一九五九―六一)、『怪談』など傑作映画を世に送り出す大プロデューサーになるが、このときは川端康成先生の愛弟子《まなでし》で、雑誌『ひまわり』の編集長をしていた。わたしの小説を読んだ若槻さんは「惠子ちゃんは女優よりも作家になったほうがいい」と言い出し、川端先生の定宿だった東京・四谷の割烹旅館《かっぽうりょかん》「福田屋」にわたしを連れて行ってくれた。

玄関を入るなりわたしは身分ちがいの雰囲気に慄《おのの》き、湖のように深い大作家の眼に見つめられて、手から桜茶を落とした。畳にこぼれた桜茶を、母がこの日のために新調してくれたデシンのワンピースで拭《ふ》きながら、わたしは自分のつたない小説を座布団の下に滑り込ませて恥じ入っていた。そんなわたしを大作家はじっと見つめていらした。

〈物書きはこういう眼をしていなければダメなんだ〉

料亭を出て歩くわたしの脚に、桜茶でびしょびしょに濡《ぬ》れたスカートがまとわりついた。

高校の卒業試験が終わり、大学入試の準備に専念していたとき、松竹から中村登監督の映画『我が家は楽し』(一九五一)に女学生役で出演してほしいと申し出があった。

デビュー作『我が家は楽し』. 笠智衆, 山田五十鈴, 高峰秀子らと共演(1951年). ©松竹

入試も気になったが、映画というものも体験してみたかった。猛烈に反対した父に「これ一本だけ」と頼んで出た映画が当たって、わたしはその年、主役、準主役など多くの映画に出て、結局は大学を諦《あきら》め女優街道を走る身となった。

「恵子は勉強が好きなのに、もったいない」と言った父は、その後、わたしがどう頼んでも、撮影所というところに一歩も足を踏み入れなかった。

「勉強は大学へ行かなくても、撮影をしな

ものを遮《さえぎ》って言った。
「勉強というものは、十代から二十代にかけて、教室の机に向かってするもの
だ。映画を撮りながら出来るものじゃない」
父の言ったことが本当だったと思うのに時間はかからなかった。
初めて体験した「映画」というものの撮影現場で、わたしは〈大変な世界に入
ってしまった〉と臍《ほぞ》をかんだ。
カメラマンがわたしの顔を見ながら「ちょっとわらってみようか」と言う。
「なぜ笑うんですか」と聞いたら、
「あんたじゃないよ。後ろの茶簞笥《ちゃだんす》を外せということだよ」と言ってみんなが
笑った。
またわたしの顔をじっと見て「ちょっと顎《あご》をあげようか」と言う。
「もうちょい」
「これ以上あげたらひっくり返ります」とわたし。
「あんたの顎じゃないよ。お二階さんのライトの顎だよ」と言ってスタッフが

また面白がった。

〈主語をはっきり言えよ〉と、わたしは心の中で呟《つぶや》いた。

ライティング待ちのあいだ寒かったので、真っ赤に燃えるドラム缶の炭火を囲んで、父親役の笠智衆《りゅうちしゅう》さん、母親役の山田《やまだ》五十鈴《いすず》さん、長姉役の高峰秀子さんが談笑していた。大学を諦めきれないわたしは教科書にのめり込んでいた。

「惠子ちゃん」と高峰さんから声がかかった。「撮影所で読んでいいのは脚本だけよ」

「ごめんなさい」と謝りながらわたしは〈怖ーい〉と思った。秀子さん恐怖症になった。

そのころのわたしと小園蓉子《こぞのようこ》になった敦子さんは、相変わらず研究生という身分だった。主役を務めながら、その他大勢や通行人としても出演した。寝る間もない毎日をわたしたちは結構面白がって過ごした。

大部屋の隅っこに岸惠子、小園蓉子という二つの名札がかけられた。ちっちゃな名札は風が吹くとぶつかり合ってカタカタと鳴った。

それから年月が経ち、パリの日本大使館の昼食会で、遊びにいらしていた高峰秀子さんと御一緒になった。話がかつて総理大臣をされた岸信介氏の外遊の話になった。わたしは娘とスリランカのヴァカンスから帰ったところだった。首都コロンボの大使館でちょうど岸信介氏がパーティーを開かれ、わたしも招かれたのにお断りした話をしたら、「岸は岸でも向こう岸だものね」とさらっと言った秀子さんは素敵だった。

10　はじめての主役

松竹大船撮影所は木造の洋館が点在するモダンで明るい雰囲気だった。春になると桜並木が見事なトンネルを作る。その並木の右側が女優館、左側が男優館である。

女優館を入ってすぐに男優が準備をする床山室があった。〈なぜ女優館にあるのだろう〉と不思議に思っていた。ある日、床山さんに呼び出されて化粧台の前に座ったら、何も言わずにいきなり髪の毛を二、三本抜かれた。「ひぃ、痛っ」とわたしは悲鳴をあげた。

「ごめんね。自分の毛で付《つ》け睫《まつげ》毛を作るのよ」

「どうして！　わたしの睫毛は長いです。付け睫毛なんか嫌です！」

当時のフィルムは感度が悪く、ドーランは厚塗り、眉《まゆ》も睫毛も誇張しないと映りがぼやけてしまうとのことだった。おまけに糊《のり》がニスのようにドロリと重く、つけると眼が開けられないほどしみる。はがすときには自分の睫毛まで抜けるという恐ろしい代物だった。だから今のわたしには睫毛がほとんどない。

床山室の隣に「結髪室」があった。名前の通り髪を整えてくれるが、今のようにメーキャップ・アーティストなんていない。学生から映画界に入ったばかりのわたしは、ドーランを渡されてもどうしていいか分からず、闇雲《やみくも》に塗りたくって酷《ひど》い顔になった。

「恵子ちゃん、せっかくの顔が台無しだよ」

と悲鳴をあげたうた子さんという結髪さんが、化粧を教えてくれた。以降、彼女にはなにかと世話をしてもらうようになった。

ある日、演技課長に呼ばれた。

「昨日の鎌倉ロケの通行人になぜ行かなかったんだ」

わたしは本名を呼び捨てにされるのが嫌で芸名を考え、毎週変えていた。最後に決めたのが、『白鳥の湖』をもじった「諏訪碧」だった。

「なんて読むんだこれ、スワヘキか？」

「すわみどりです」

「なんだそりゃあ。男の名前だよそりゃ。自分にも読めないから、予定表にあったのに見つけなかったのか」

忙しすぎて予定表を見忘れただけだったが、芸名は認められなかった。

「岸恵子という親がつけてくれたいい名前があるのに、男みたいな、読めない名前はいかん」

「親がつけてくれたから、呼び捨てにされるのは嫌です」

と言っても聞き入れられなかった。

間もなくわたしは京都へ行かされた。ある映画の女性主役がなかなか決まらず、候補の女性スターが同じ列車の寝台車に乗っているとかで、顔を合わせないようにしたのか、同じく首実検として呼ばれたらしいわたしは、三等車にチコンと座って夜を明かした。

『獣の宿』で鶴田浩二と初めて共演(1951年)．Ⓒ松竹

　京都撮影所の暗いセットに入ると一人の男性の横顔がライトに浮かんでいた。「御挨拶《ごあいさつ》して」とプロデューサーに促され、誰へともなくぎごちない最敬礼をした。カメラ横から監督が身を乗り出し、横顔だった人がゆっくりとわたしを見つめて正面の顔になった。その瞬間、主演がわたしに決まったということだった。

　プロフィールから視線を移動してわたしを見たその顔に、デカダンともいえる妖《あや》しい風景が漂っていた。その人が、暗い戦後をくぐり抜けた当時の若者たちを、ニヒルともとれる生々しい危うさで魅了した鶴田浩二という人だということさえ知らなかった。映画は大曾《おおそ》根《ね》辰夫《たつお》監督、黒澤明脚本の『獣の宿』(一九五一)。わたしは湖畔の旅館の孫娘で野性的な女の子だったように思う。あるいはわたしがやったから野性的になったのか。

カメラマンが言った。

「眼がキラキラとつり上がって、山猫みたいなすごい女の子が出てきたと思った」

鶴田浩二さんは壊れ物を扱うようにわたしを大事にしてくれた。

「今のままでいなさい。この世界のあくに染まって、女優臭くなっちゃダメだ」

〈わたしはそれほど素直で簡単な女の子ではないのよ〉と言いたかったが、胸の中で呟くだけにした。

11　スターという怪物

いつの間にかわたしはスターと呼ばれるようになっていた。けれど身分は相変わらず大部屋所属の研究生。主役を掛け持ちしてもギャラはなく、月に研究費として四千五百円を支給されるだけだった。

「それも三回に分けて千五百円。ロケに二百四十円の手当が出たのを憶《おぼ》えてる？　ニコヨンだって大笑いしたわね」

二〇一九年、わたしの一人芝居『わりなき恋』を見に来てくれた、小園蓉子《こぞのようこ》になった旧友敦子さんと昔話に花が咲いた。

待遇に不満はなかった。「昨日まで学生だった女の子に、いきなりスター扱いはよくないだろう」という、高村所長の親心だと思っていた。不満は映画の内容だった。他に何ほどの娯楽もなかった時代のこと、映画が全盛を極め、佳作も駄作もひっくるめての大量生産だった。常に二、三本の掛け持ち撮影で、研究生という身分だったわたしは、他の映画の通行人にもかり出されて、睡眠時間が三、四時間というときも、ゼロ時間というときもあった。電車の中でわたしは大部屋の女優仲間に爆発状態で言った。

「ヘンテコな題名のつまらない映画に出るのはもう嫌!」

翌日、所長室に呼ばれて叱《しか》られた。

「電車の中で大監督の悪口を言っちゃいかんよ」

「大監督ってどなたですか」

「君が今出ている映画の監督だよ。電車の中で君のすぐ後ろに座っていたらしい」

「きゃー、あんな偉い人が三等車に乗っていたんですか」

わたしのトンチンカンな反応に高村所長が苦笑いした。その映画は『相惚《あいほ》れトコトン同志』(一九五二)。監督は鬼才とうたわれた川島雄三さんだった。

別の日、また所長に呼ばれた。「今日は何を怒られるのか」と覚悟したわたしは、まず所長室前の秘書室に入った。秘書の女性の慌てる様子が見え、眼を上げると窓際に契約書が十枚ほど乾かしてあった。半紙に筆書きされた旧漢字で、たっぷりした墨がまだ光っている。

面白いことに主役も、中堅も一律で一本五十万円だった。〈ええっ、わたしは四千五百円! 彼らの百分の一にもならないの?〉唖然《あぜん》としたが、めげたりはしなかった。

「街を歩けば黒山の人だかり、たいした人気者なのに、いつまでも研究生扱いはないだろう」と佐田啓二さんが陳情してくれたらしい。それから暫《しばら》く経《た》って、作品は憶えていないが、初めてギャラというものをいただいた。五十万円にはほど遠い五万円ぐらいだったが〈やっと女優になったかな〉という感慨があった。

遠出のロケは、佐田啓二さん、高橋貞二さんなど相手役の車に乗せてもらった。ある日のロケ帰り、便乗させてもらった鶴田浩二さんに「なぜ暗い道を走るの? ネオンのキラキラした街を走りたい」と言った。「ここは山の中なんだ」と困惑する鶴田さんにわたしは日ごろの思いをぶちまけた。

「人目を避けるのはいや！　銀座のド真ん中を鶴田さんと二人で歩いてみたい」

「恐ろしいことを言うお嬢さんだね」

「なぜ天下の大道を二人で歩いちゃいけないの？　男と女だから？　スターだから？」

興奮したわたしを軽くいなして、車は山の頂上のようなところで止まった。

「さ、降りて。天下の大道を二人で歩こう」

「こんな暗い山の中はいや。明るい天下の大道がいい」

「ま、降りてみなさい。ネオンなんかよりきれいな星がキラキラしている」

あまりの美しさにわたしは息を呑《の》んだ。満天の星が手を伸ばせばつかめそうだった。

「ここ、すごく高い山なのね」

「天下の嶮《けん》と人の言う、山の名前は箱根でござんす」

嬉《うれ》しくなったわたしは派手なステップを踏んで踊りながら、笠置《かさぎ》シヅ子さんが聞いたら顔をしかめそうな調子っぱずれな声で歌った。

「トオッキョブギウギ〜、リズムウキウキ〜、ココロズキズキ、ワクワク〜〜〜」

(『東京ブギウギ』鈴木勝《すずきまさる》作詞、服部良一作曲)

次の瞬間、片足がズブズブと冷たいところに落ちた。

「きゃ、変な臭《にお》い」

「君は浮かれすぎて、あぜ道から肥やしをまいた田んぼに落ちたんだよ」

「なぜ天下の嶮に肥やしをまいた田んぼがあるの!」

満天の星と、ロマンティックとは言えない肥やしの臭いの中で、わたしたちは笑い転げた。

12　大俳優の役者根性

京都・下鴨《しもがも》の「ふるさと」という旅館にわたしは長逗留《ながとうりゅう》した。大物俳優は泊まらない小さな旅館だったが、家庭的で親切でわたしは大事にされた。京都生活がなぜ長かったのか……新人女優のくせに、思ったことを遠慮もなく言動にするわたしを、京都という空気で、伝統的な大和女《やまとおんな》に少しでも近づけたいという狙《ねら》いだったのか……。

まだ十九歳の冬だった。わたしは巨匠・伊藤大輔さんの『治郎吉格子』(一九五二)に抜擢《ばってき》された。長谷川一夫・高峰三枝子両大スターに挟まれて、わたしは大きな荷物を背負って物を売り歩く、貧しい小娘お喜乃の役だった。撮影初日の朝、わたしは初めて鼠小僧《ねずみこぞう》治郎吉に扮《ふん》した長谷川一夫さんに対峙《たいじ》した。圧倒的な存在感と目力《めぢから》があった。その眼がわたしの背中を覗《のぞ》き込んで下着をつまみ出した。つまみ出されたのは、「冬の京都は寒いから」と、母が持たせてくれた父のラクダのシャツだった。

「衣装さんを呼んできて」

と長谷川さんはきびしい声だった。

恐縮して及び腰でやって来た衣装部の人に長谷川さんが注意した言葉を聞いて、寒いからといって太平楽に茶色いラクダのシャツを着た自分が恥ずかしかった。

「いくら貧しい行商の女の子でも、紅《あか》い襟のついた襦袢《じゅばん》ぐらい着せてやってくれ。色気は襟元が肝心だ」

衣装部に引き返したわたしは、「衣装は役者の魂」と言った望月優子《もちづきゆうこ》さんの言葉を思い出していた。

初日撮影終了のあと、長谷川一夫さんに「明日は化粧をする前にぼくの部屋へ来てごらん」と言われた。

翌朝、化粧台の前のスターはスッピンだった。

「昨日の初日、まだ撮影が始まってもいないのに、あんたの顔は頰《ほ》っぺたの上も、鼻の上ももうドーランがすべり落ちて素肌が見えていた」

「すみません」叱《しか》られているのかと思って素直に謝った。

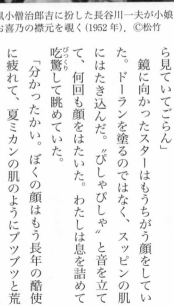

素顔の大スターは、別人のようにやさしいおじさんの顔をしていた。

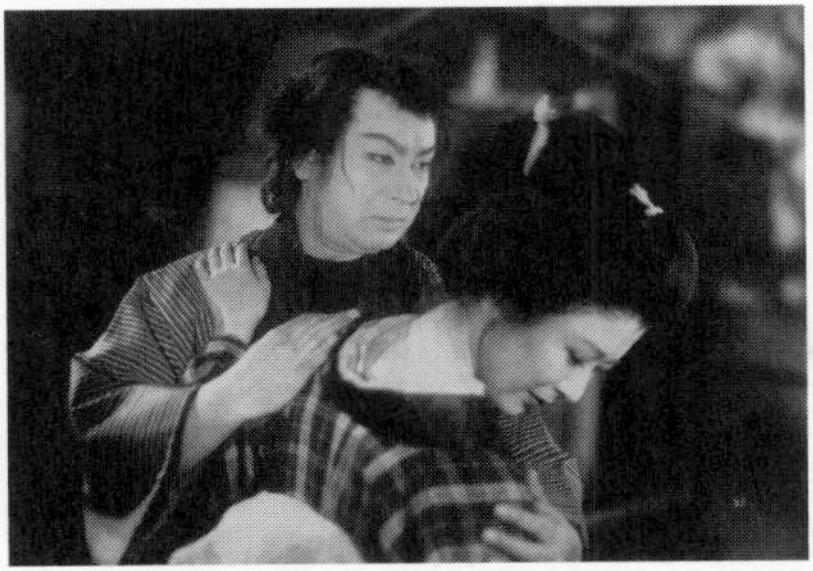

鼠小僧治郎吉に扮した長谷川一夫が小娘お喜乃の襟元を覗く(1952年).©松竹

「これからこの顔にドーランを塗っていくから見ていてごらん」

鏡に向かったスターはもうちがう顔をしていた。ドーランを塗るのではなく、スッピンの肌にはたき込んだ。〝ぴしゃぴしゃ〟と音を立てて、何回も顔をはたいた。わたしは息を詰めて吃驚《びっくり》して眺めていた。

「分かったかい。ぼくの顔はもう長年の酷使に疲れて、夏ミカンの肌のようにブツブツと荒れ果てているから、ドーランをはたき込まないとついてくれない。いったん肌にめり込んだドーランは一日中ぴったりとして崩れない。あんたの肌は、つるつるときれいだから、ドーランをはじき返してしまう。スタッフを待たせても幾度でも丁寧に塗り替えなさい。若さの特権だ」

何だか分からなかったけれど、強い印象を受けた。長谷川一夫さんが言いたかったのは、〈夏ミカンの肌になるまで、役にのめり込んでいい女優になりなさい〉ということだったのか……。残念ながら、わたしの顔は夏ミカンにはならなかった。幸か不幸か、わたしは芸ひと筋という女優にはならなかった。

わたしは「うまい女優」であるよりも、「いい女優」でありたかったし、演ずることにだけ心魂を傾けて、「芸ひと筋」の人生はいやだった。世界に起こるさまざまな事件の焦点、それに身を絡ませて生きていきたかった。それがわたしの生きたい人生だった。だから映画の出演作は少ない。七十年間で百本にも満たないと思う。

わたしのラクダのシャツの話を漏れ聞いたのか、もう一人の大スター、高峰三枝子さんが素敵なセーターをくださった。

「寒くなったのに、横浜のお家《うち》へ帰る暇もないでしょう。わたしのお古だけれどよかったら着てちょうだい」

わたしは、岸田國士《きしだくにお》原作、吉村公三郎監督の『暖流』(一九三九)を観《み》て、大ファンになった高峰さんのやさしさに震えるほど感動した。この時期、京都で出会った人たちは、まだ学生っぽさの抜けないド素人のわたしを親身になって心に懸けてくれた。

伊藤大輔監督は、鼠小僧治郎吉が情けを懸けたわたしの貧しい物売り娘を気に入ってくださって、『獅子《しし》の座』(一九五三)では能の世界に生きる令嬢役をやらせてくださった。

御自宅に呼ばれてコチンとかたまったわたしを眺めて言ったのだった。

「もう少しふっくらと肉がつくといいな」

傍らの奥様が娘でも見るような慈愛溢《あふ》れる声で言った。

「惠子さん、今夜は「大市《だいいち》」をとったのよ。有名なスッポン料理のお店なの」

〈スッポン?〉ここでまずわたしは怖《お》じ気《け》づいた。

由緒ある老舗《しにせ》「大市」は、江戸時代にタイムスリップしたような重厚で渋い華やかさが漂う雰囲気だった。席に着いてすぐだったと思うが、風流な徳利《とっくり》から監督がわたしのグラスにどろどろと赤黒い液体を注いでくれた。

「一気に飲みなさい」とうながされて慄《おのの》いた。

「先生、これ……赤いお酒ですか……」

得体の知れないどろりとした飲み物は恐怖だった。

「スッポンの生き血だよ。精がつくし、身体《からだ》にはとってもいい」

「スッポンの生き血!?」

顔から血の気がひいていった。祖母に飲まされた蛇の粉末を思い出して、目の前が真っ暗になった。そのわたしを見て大輔監督は笑った。

「無理に飲まなくてもいい。嫌なものを飲んだりしたらかえって身体に悪い」

伊藤大輔夫妻は素敵な御夫婦だった。スッポンの味は憶《おぼ》えていないけれど、その残りで作ったおじやが美味《おい》しくて、わたしは二度もお代わりをした。

大好きだった伊藤大輔監督の『獅子の座』では、義兄に長谷川一夫、姉に田中絹代という当時の超大俳優の中にあって、わたしの甥《おい》は美少年、津川雅彦さんだった。ある場面で、田中絹代さんが泣くシーンがあった。絹代さんは、スタジオに並みいるカメラとスタッフに向かって、深々と頭を下げた。

「申し訳ございません。少しお待ちくださいませ」と言うや否や、くるっと後ろを向いた。誰もいないセットの暗がりを向いて、一分……二分……、肩が小刻みに揺れ出した。

わたしは息を詰めた。

その姿勢のまま「どうぞカメラを回してくださいませ」。

監督が低いしずかな声で、「スタート」を掛けた。

くるりとカメラに向かった絹代さんの顔に滂沱《ぼうだ》と涙が流れていた。大女優が心を籠《こ》めた魔法を見たような、忘れられない光景であった。

13　美空ひばり讃歌《オマージュ》

このころ、わたしはよく美空ひばりさんと共演した。と言ってももちろんすでに大スターだったひばりさんが主役で、わたしは佐田啓二さんとのカップルで、引き立て役を務めたように記憶する。その記憶をもう一つ戻すと、敗戦後、しょぼくれた日本に元気をくれたのはやっぱり歌だった。

並木路子《なみきみちこ》さんの『リンゴの唄』(サトーハチロー作詞、万城目正《まんじょうめただし》作曲)や、威勢のよかった笠置《かさぎ》シヅ子さんの『東京ブギウギ』などは暗い戦後の風景を一気に賑々《にぎにぎ》しく華やかに変えてくれた。まだ子供だったひばりちゃんが(「ひばりさん」ではへんに他人行儀でこそばゆい。五歳年下の彼女をわたしは「ひばりちゃん」と呼んでいた)、黒い燕尾服《えんびふく》を着てステッキを振り回し、「右のポッケにゃ 夢がある、

左のポッケにゃ　チュウインガム」(『東京キッド』藤浦洸《ふじうらこう》作詞、万城目正作曲)と歌って人々が夢中になった。

そのひばりちゃんがたぶん十四、五歳のときに、瑞穂春海《みずほしゅんかい》監督の『ひばりのサーカス　悲しき小鳩』(一九五二)という映画があった。記憶が薄らぐ中で思い出すのは、ひばりちゃんとわたしが一メートルぐらい横に離れて高い網のようなところに登っていたことである。

『ひばりのサーカス　悲しき小鳩』で美空ひばりと共演(1952年). ©松竹

わたしは高所恐怖症だった。と、いきなりわたしの頭に固いものが降ってきて、ごつんと当たった。

脳震盪《のうしんとう》でも起こしたのか、網から落ちたわたしは意識が遠のいていくのを感じた。わぁーっと騒いだスタッフが駆け寄ってきてくれた。わたしの台詞《せりふ》をとる竹竿《たけざお》に括《くく》りつけたマイクの何かが切れて、わたしの頭に当たった。サーカス団全景を撮るフレームだったので、かなり高いところから落ちてきたのだった。めったに起こる事故ではないが、ひばりちゃんが「おねえさん！　大丈夫？」と叫び、スタッフが心配してくれる声の中で、ひときわ大きい声が言った。

「よかった。うちのお嬢は勘がいいからマイクを避《さ》けたのよ」

〈ン？　わたしの上にあったマイクがそのまま落ちてきたのに勘もなにもあるかよ。イヤなおばさん！〉薄れる意識の中でわたしは毒づいた。そのおばさんは、ひばりちゃんのおかあさんマネージャーだった。

別の日、日に焼けて黄ばんだ四畳半ぐらいの相部屋で、ひばりちゃんとわたしは二つの鏡台に向かってメイクをしていた。

彼女の傍らには必ずおかあさんマネージャーがついていた。上《あ》がり框《がまち》に遠慮そうに腰をかけて男のプロデューサーが畏《かしこ》まっていた。呼びつけられたらしかった。ひばりちゃんの待遇とか役柄についての注文と文句を言っていたように思う。内容は憶《おぼ》えていないが、「うちのお嬢」の繰り返しや、そのお嬢の見栄えをよくするための注文を長時間聞いているのは辛《つら》かった。ひばりちゃんは誰からも好かれていた。年上の男優は「おにいさん」と呼び、女性は「おねえさん」と呼んでいた。その呼び方には、爽《さわ》やかな明るさがあり、特別な親しみはなかった。わたしも共演した相手役とは男女を問わず一期一会の関係を保っていた。

おかあさんマネージャーの文句兼注文付きの話は延々と三十分以上も続いていた。ひばりちゃんは涼しい顔で我関せずと化粧をしていた。わたしは次第に胸苦しくなっていった。

やっと長い話が終わり、プロデューサーが、恐縮顔に憮然《ぶぜん》としたニュアンスを秘めて去っていった。静かになった支度部屋で、ひばりちゃんがくるりとおかあさんに向き合った。

「おかあさん。ああいうことは肚《はら》で思って、口には出さないものよ」

わたしは吃驚《びっくり》した。〈この人すごい！〉とほとほと感心した。十四、五歳で美空ひばりという人はすでに大物なのだった。

わたしは演歌というものがあまり好きではない。けれど、大人になったひばりちゃんが歌う、『お祭りマンボ』や『柔《やわら》』には気分が浮きたったし、『リンゴ追分』や『悲しい酒』は心に沁《し》みた。

あるとき、決して好きではないカラオケに連れ出されて「何か歌え」と言われたときは途方に暮れた。生来の音痴で、声がしゃがれるわたしが提案したのは、『悲しい酒』の間に入る台詞の部分だった。連れ立って行った中で、マイクを独り占めにするほどカラオケ好きの大新聞社の社長が歌い上げる『悲しい酒』は、聴いていて照れるほどうまかった。わたしのなけなしのナレーションもまあまあだったと思う。割れるような拍手が起こった。ま、歌えないわたしへの慰めだったかも知れない。こんな具合にわたしは美空ひばりのファンだった。

ただし、二十代から三十代にかけての舞台上のひばりちゃんが目立つ鬘《かつら》を付けたり、派手派手しく纏《まと》った衣装が、わたしの中の美空ひばりを傷つけた。

令和が始まった二〇一九年五月一日に上梓《じょうし》したエッセイ集『孤独という道づれ』(幻冬舎)の中で、わたしは「下品力」という言葉を遣った。というより創《つく》り出した。

「下品力?　いい言葉だね」と見城徹社長が言った。

「突飛な例で、日本中の美空ひばりファンに袋叩《ふくろだた》きの目に遭うかも知れないけれど、彼女が持っている類ない声や、音域の広さを事もなく行き来する声の色合いには、聴衆が熱狂する堪《たま》らない魅力がある。それこそが、わたしが言う、誰にも真似《まね》のできない、天が与えたとしか思えない素晴らしい「下品力」なの。フランスでは下品をヴュルゲールというの。それが「ヴュルガリザシオン」とか、「ヴュルガリゼ」と名詞や動詞になると、大衆化とか、普及させ、流行《はや》らせる、つまり大衆のこころをつかむ、という意味になるの。わたしは彼女のひところの舞台での出で立ちにちょっと怯《ひる》んでしまった。けれど、早すぎた彼女の晩年のコンサートは、神が降りたと思うほどの魅力や、崇高とも言える品格があったと思う。「川の流れのように」人生を静かに受け入れて、あれほどあでやかに歌えるなんて……。森英恵《もりはなえ》さんの衣装もよかった」

美空ひばりは日本が生んだ素晴らしい歌手なのだ。

唐突で、顰蹙《ひんしゅく》を買う例かも知れないけれど、わたしは「ヴュルガリザシオン」という言葉で、第二次世界大戦のフランスの救世主、ドゥ・ゴール将軍を思わずにはいられない。戦後、当然ながら大統領になったとき、大衆は彼を理解できなかった。ついていくには、彼は立派すぎた。由緒ある貴族の出身で、エリートでありすぎた。気品高く大衆性がなかった。

ソルボンヌ大学ナンテール分校のダニエル・コーン＝ベンディットという学生をリーダーとして起こった、世に言う「五月革命」(一九六八年)も遠因だろうが、ドゥ・ゴール大統領は一九六九年に失脚し、翌年に亡くなった。シャンゼリゼ大通りに埋め尽くされたドゥ・ゴール崇拝者たちは、彼を悼んで偲《しの》び泣いた。

ドゥ・ゴール将軍は亡命先のロンドンからナチス・ドイツに占領されたフランスに、「自由フランス」を合言葉にして地下運動を呼び掛けた。そのドゥ・ゴールに共鳴して、イヴ・シァンピは医科大学の十二人の仲間と、命がけのピレネー越えをして、レジスタンス運動に与《くみ》した。十二人の仲間のうち、生還したのはたったの二人だった。ノルマンディ上陸にも若い軍医として参加し、祖国救済を叫んだドゥ・ゴールを崇拝していた我が夫、イヴ・シァンピはシャンゼリゼの追悼行列には加わらなかった。沿道で涙をためた眼で深々と呟《つぶや》いた。

「彼はフランスを救った偉大なる軍人だった。政治家になるには、大衆性がなかった」

14 『君の名は』の時代風景

『君の名は』の主役、氏家真知子《うじいえまちこ》を振り当てられたときには困惑した。人気ナンバー・ワンの津島恵子さんが『ひめゆりの塔』(一九五三)に出演して不在だったので、仕方なく回ってきたらしいが、どう考えてもわたしではミスキャストだと思った。

そのころ松竹という会社がわたしに求めていたのは、メロドラマの主人公だった。そして、それはしたたかにわたしの身体《からだ》に染みついていった。そのことに嫌気がさすころ、ころあいよく大佛次郎《おさらぎじろう》原作の『旅路』(一九五三)など、夢中になれる文芸作品が巡ってもきた。けれど『君の名は』の真知子さんは、いくらなんでもわたしではないと思った。いまさら筋書きを述べる野暮は避けるが、すれ違いを繰り返すラヴロマンスである。

「そうだよなぁ。惠子ちゃんの顔見て、観客が泣くかなぁ。これは社運を賭《か》けて作る大メロドラマなんだよ」

「風船ゴリラ」とわたしがひそかに綽名《あだな》を付けていたプロデューサーの山口松三郎さんが、お相撲さんのような身体をこごめてわたしの顔を眺めた。

その懸念を吹き飛ばすように観客は泣いてくれた。思わぬ大ヒットとなり、松竹は築地に本社ビルを建て、相手役の佐田啓二さんとわたしは、御褒美としてオメガの時計をいただいた。

『君の名は』の成功は、大庭秀雄監督の素敵な人柄が多くを担っていたと思う。個性的な役が多かったわたしに大庭監督は戸惑っていらした。佐渡ケ島へ渡る船で真知子が泣くシーンがあった。と、突然、涙を誘うような悲しげな音楽が流れたので、わたしは吹き出してしまった。感情移入のために流してくれた音楽だったのに、そんな思いやりがわたしには照れ臭かったのだ。

「音楽止めて」

大庭監督の眼に了解の色が浮かんだ。この瞬間、わたしという女優の本質がつかめたと大庭監督は何かに書かれていた。

今から六十八年も前に封切られたわたしたちの三部作『君の名は』(第一部・第二部一九五三、第三部一九五四)を記憶している方はもうほとんどいないと思う。リメイク版もあったし、何より時代も変わり、人情もうつろう。

TVも、ゲームも携帯電話もなく、娯楽というものは映画かラジオぐらいしかない時代の風景を、それを生きたわたしが描いてみたいと思う。

『君の名は』は、映画の前にラジオドラマ(一九五二―五四)として人気を博した。「すごいわねえ、銭湯が空《から》になったんですって?」とよく言われるが、わたしはラジオドラマには出演していない。『鐘の鳴る丘』(一九四七―五〇)というラジオドラマもほぼ同じころ大人気だった。

三部作からなる『君の名は』の撮影細部は憶《おぼ》えていないが、ロケ撮影に押し寄せた群衆の熱気に恐れをなした感覚は身体に染みついている。

新潟駅に着いたときだった。ホームで歓迎してくれる真知子ファンにわたしの身体は持ち上げられて、靴がホームにつかない。つかみかかった一人の女性がわたしのイヤリングを引きちぎった。あとから見たらうっすらと血が流れていた。お相撲さんのような巨軀《きょく》の「風船ゴリラ」が必死でわたしを守ってくれる。わたしの腕をつかんでいる彼の太い指が二の腕に食い込んでくる。

「痛い！　腕を放して」とわたしは叫んだ。

「ほら、痛がっているじゃないか、離れるんだ」

「ちがう。山口さんの手が痛いのよ」

わたしの声など、届かばこそ。ホームに足をつけず、群がる人たちに持ち上げられたままのわたしは、階段まで来てやっと自分の足で歩いて降りた。

その夜、宿泊先の日本旅館で、窓から覗《のぞ》かれないように、佐田啓二さんとわたしを三階の部屋にしてくれた。ところが二人の部屋の間に電信柱が立っていたのだった。一人の若者がその電信柱のてっぺんに登って、朝方までギターを弾き、いい声でセレナーデを歌ってくれて、わたしたちは眠れなかった。

そんなとき佐田さんはいつも冷静で、ユーモアのある言葉でわたしを鎮めてくれた。素晴らしい人だった。

札幌から美幌峠《びほろとうげ》までの鈍行列車では、車内のストーヴで、お芋やお餅《もち》を焼いたりした楽しいロケだった。各駅停車だったので、駅へ着くたびに町の人たちが、小さな旗を振って迎え、送ってくれた。

「まるで、戦争中の出征兵士になったみたい」と呟《つぶや》くわたしの腕を取って、佐田さんはデッキからみんなに手を振ってこたえた。

東京は晩夏だったが、ロケ地美幌峠では雪が降り始めてしまった。白樺林《しらかばばやし》に佇《たたず》んだわたしの、襟の開いたプリンセスラインの洋服は見るからに寒々しかった。わたしは持っていたフランス製の白いストールを被《かぶ》ってみた。大庭監督が〝うーん〟と唸《うな》ってしまった。

「素敵だけれど、『君の名は』の真知子さんが、急にトルストイの世界のカチューシャになったみたいだな」と難色を隠さなかった。それは白い極細毛糸で編んだ幅広で長いきれいなストールだった。ちらちらとしていた雪が本格的なぼたん雪の吹き降りになり、監督が不承不承使用を許可してくれた。それが「真知子巻き」として、当時の女性たちの間で大流行した。

乱暴な映画雑誌が「これが真知子巻き」などと銘打って、数寄屋橋の佐田さんとわたしのスティル写真などを載せる。あれは戦時中の防空頭巾《ぼうくうずきん》だよ！

思い出深いその白いストールを、わたしはもう持っていない。何年か後、西新橋田村町のピアノバーで、デヴィッド・リーン監督の依頼でわたしを誘いに来てくれた、ウィリアム・ホールデンさんと食事中だった。そこに一週間ほど前から、わたしの取材をしていたデニス・ストックというカメラマンが会いに来た。もう取材は終わっているのに唐突な出現に驚

『君の名は』で佐田啓二と共演(1953年)．空前の大ヒットとなり，「真知子巻き」が大流行．Ⓒ松竹

いた。ホールデンさんに無礼を謝ってから、「五分で済みますから」と、わたしを廊下へ連れ出した。

「ぼくと一緒にハリウッドへ来てください。ぼく、あさって日本を発《た》ちます」

必死な様子だけれど、冗談めいた誘いにわたしは笑いながら首を横に振った。

わたしはそのときグリーンの着物を着て、白いストールを持っていた。

「何か、記念になるものが欲しい」

困り果てたわたしは、手に持っていた白いストールを思わず差し出してしまった。

失礼を詫《わ》びながらテーブルに戻ったわたしに、ホールデンさんが言った。

「あの慌て方や、緊張ぶりはあなたに夢中らしい。彼はジェームス・ディーンを撮っている有名なカメラマンですよ」

わたしが知るわけはなかった。

そしてまた何年かが経《た》った。パリを訪れた彼に呼び出された。削《そ》げ落ちた頰《ほお》と、キラキラ震えていたかつてのカッコよかった青年は、ポッコリと肥《ふと》ったおじさんになっていた。田村町でのことなど思い出しもしないように、あのときに撮った写真アルバムをわたしに贈呈してくれたのだった。爽《さわ》やかな笑顔で「バイバーイ」と手を振り、人が群れるセーヌ左岸の学生街を、のほほーんと歩いて去っていった。人の心も世の移ろいも、ほんとうに面白い。

またまた時が移りすぎ、わたしは南仏カンヌの海で泳いでいた。突然、胸を刺すような痛みを感じて浜辺を振り向いた。ホテルの部屋でシナリオを書いているはずのイヴ・シァンピが、大きなハンケチを振ってわたしを呼んでいた。

「佐田啓二さんが、自動車事故で亡くなった。たった今ラジオのニュースで放送があった」

わたしは身も世もなく波打ち際にくずおれた。しばらく立ち上がることも出来なかった。『君の名は』の全国ロケで、もみくちゃになったわたしをいつもやさしく庇《かば》ってくれたあの佐田さんが……。

今から十年ほど前、人を結ぶのに親切だった津川雅彦さんが催した晩餐会《ばんさんかい》で、佐田さんの御長男、中井貴一さんに初めて会った。

「親父《おやじ》はなぜあんなによいコンビだった岸惠子さんと結婚しなかったの？　とおふくろに聞いたんですよ」

岩下志麻さんや岸本加世子さんもいる席で貴一さんが言った。佐田さんは、ときとして芸能人が持つ非常識で破天荒な言動とは無縁で、常に立派な社会人だった。大好きな先輩だったが、お互い兄妹《きょうだい》のような信頼と愛情を超えるものはなかった。

「つまらないなぁ。誰に聞いても親父は良い人で欠点がない。たまにはデマやゴシップを聞いてみたいですよ」

貴一さんの言葉にみんなが笑った。

『君の名は』のおかげで、わたしは松竹メロドラマの真髄、物憂い肢体の動き、伏し目がちな視線などを完璧《かんぺき》に会得した。けれど、奪われたものも甚大だった。街を歩けば人の山。ベタベタと身体を触られる。贅沢《ぜいたく》な悩みと言われるかも知れないが、人混みを襟で顔を隠して、猛烈な速さで歩くのは性に合わなかった。

「一世を風靡《ふうび》するスター」という身分が、わたしから奪っていった「自由」が恋しかった。わたしは深いノイローゼに陥った。

そんなわたしを救ってくれたのが小林正樹監督の『壁あつき部屋』(一九五六)だった。巣鴨《すがも》拘置所に服役したBC級戦犯の実話で、わたしは火葬場の火夫を父に持つ娘役。十三歳のおぼこな娘が赤線地帯に堕《お》ちるまでを演じた。涙に暮れる真知子から激しく豹変《ひょうへん》する女をどう演じるのか。消滅しかけていたわたしの闘志に火がついた。

小林正樹監督には、かなりの映画に所望されて主役を演じたし、親しくはなかったけれど尊敬する監督だった。世界に名を成した黒澤明監督と同格の国際性を持った作家だと思う。特筆したいのは『切腹』(一九六二)。パリで封切られたとき、わたしは監督志望の若者を連れて五、六回も立て続けに観《み》たのを憶えている。武家社会の権力を誇示するために、武士本来の魂を貫いた浪人を断罪する場面で、浪人を演じた仲代達矢さんが、決闘を申し込んだ権力側の武士三人の切り落とした髷《まげ》を懐から投げ出す場面は圧巻だった。世界に取り沙汰《とざた》された日本映画の中でも、特筆されるべき名シーンだとわたしは思う。

15　「にんじんくらぶ」の設立

服を脱ぎ、パンティとシュミーズだけになる――。

小林正樹監督の『壁あつき部屋』のあるシーンの設定に、わたしはパニック状態に陥った。この映画は、BC級戦犯の実録を安部公房が脚色した作品だったが、米軍への配慮でしばらくお蔵入りとなった。かなりあとの一九五六年に封切られたが、撮影は『君の名は』の一部か二部のすぐあとだった。真知子熱が高まり、ロケ現場は黒山の人だかりだった。

スターと騒がれても、わたしにはまだマネージャーも付き人も運転手付きの車もなかった。「どこで服を脱ぐ？」「赤線地帯の現場で衆目の中？」「嫌だ」――。覚悟を決め、ロケバスの中で服をかなぐり捨てた。スタッフが驚く中、迷いはなかった。ロケバスを飛び降り、一人で新宿二丁目の大通りを、シュミーズ一枚に裸足《はだし》で歩くわたしにヤジの嵐が飛んだ。

「真知子さーん。身体《からだ》が丸見えだよ。オッパイまで見えてるよ」

本物の娼婦《しょうふ》たちが囃《はや》し立てた。暑い日なのに肌にさざ波のような悪寒が走り、覚悟のようなものが全身に漲《みなぎ》った。〈わたしはいま、女優になった〉と思った。

そのころわたしは〈演技者にも作品を選ぶ自由が欲しい〉としみじみ思っていた。睡眠時間は三時間未満。訳もなく早撮り映画をたらい回しにされることに耐えられなかった。

当時もてはやされた早撮りの斎藤寅次郎という監督がいた。カメラを据えると、その角度で撮れるシーンは脚本のあとさきなど無視して、順不同で撮る。あるとき、カメラに背を向けて、「ごめんください」と言って玄関を開けたわたしは、桃割れという小娘特有の髪型だった。それから日が経《た》ち、カメラが逆向きになってわたしの顔が映ったとき、わたしの髪型は丸髷《まるまげ》になっていた。それを誰も気が付かず、ラッシュ(試験的映写)を見て大騒ぎとなり撮り直しをした。あまりの早撮りで疲れ果て、本人であるわたしも、結髪さんも記録係のサード助監督も、アタマがミツバチの巣のように混み合って雑駁《ざっぱく》になっていた。こんな撮影は嫌だと思った。

〈女だけのプロダクションを創《つく》りたい〉

『女の園』(一九五四)撮影の間、先輩だったが年が近い久我美子《くがよしこ》さんと意気投合した。「でも二人じゃ寂しいわね」と久我さん、「有馬稲子っていう威勢のいい人がいるじゃない」とわたし。

『壁あつき部屋』で「女優になった」と自覚. 1956 年封切. ©松竹

こうして無鉄砲な女優三人は一九五四年四月、「文芸プロダクションにんじんくらぶ」を設立した。出たくない作品には「ノー」と言う権利が欲しかった。代表には、わたしを川端康成先生に引き合わせた若槻繁《わかつきしげる》さんが喜んでなってくれた。所属する映画会社ではなく、他社出演を許可しないという、俳優の自由を縛る「五社協定」が当時あって、その協定により会社は「三人を干す」と息巻いたそうだが、わたしたちに仕事が途切れることはなかった。わたしたちは作品を選ぶ権利を勝ちとった。だいたい、この時点でも松竹との専属契約書をわたしはもらっていなかった。

間もなく、学生のわたしに、教育映画『アメリカ博覧会の一日』で、いろいろな経験と思惑を植え付けてくれた野村芳太郎監督の『亡命記』(一九五五)で佐田啓二さんと共演した。その作品が一九五五年の春にシンガポールで開催された東南アジア映画祭の出品作となり、令夫人から神戸港の日雇い労働者に落ちぶれるまでを演じたわたしは、最優秀主演女優賞をいただいた。

授与式前夜、受賞するとは夢にも思っていなかったわたしは、大きなベッドに吊《つ》られた蚊帳《かや》をくぐり抜け、暮れなずむ波打ち際の庭に出た。レトロな木造建てのシーヴュ一ホテルは南シナ海とマラッカ海峡に抱かれるように鎮まっていた。

コバルト色の海の向こうに真っ赤な太陽が沈んでゆく素晴らしい夕暮れ時だった。燃える太陽に染まりながら、横浜空襲の直撃弾で飛び散ったビー玉の首飾りをふと思い出した。

「シンガポールの大きな太陽は沈むときに海も人も空も朱《あけ》に染めてゆく」

その首飾りをお土産にくれた叔父の言葉が浮かび、芝生の上に大の字になって横たわった。わたしの身体も、わたしの未来も、朱に染まってゆくのを感じた。最優秀主演女優賞のトロフィーは、大きな金色の地球儀の上に金色のライオンが前脚をのせて吠えている、恥ずかしいほど派手なものだった。次回作が待っていたため、わたしは翌日の早朝シンガポールを発《た》った。

そのわたしを追いかけて、世界の巨匠、デヴィッド・リーン監督が日本へ来てくださった。『亡命記』で受賞したおかげで急に世界が開けた。というより、わたしが世界に飛び出すきっかけとなった。

16 『凱旋門《がいせんもん》』と語学の特訓

一九五五年六月に来日したデヴィッド・リーン監督を迎えて、「にんじんくらぶ」代表の若槻《わかつき》さんは、東和映画の川喜多長政社長と相談のうえ大掛かりなパーティーを開いた。その席でリーン監督が、次回作『風は知らない』の主役にわたしを抜擢《ばってき》したことを正式に発表した。

シンガポールの映画祭でわたしを初めて見たとき、〈サビーがいる！〉と思ったそうなのだ。「サビー」とは英国軍の将校たちに日本語を教える『風は知らない』の主人公の愛称で、実在の人物だった。リーン監督はそのサビーを探すために、この東南アジア映画祭にわざわざ来られたのだった。

「あなたは気が付かなかったでしょうが、ぼくは毎日街を歩くあなたのあとを付け回していたんですよ」

わたしは初めて見る街景色に気をとられて全く気が付かなかった。

「ぼくはがっかりした。あなたには女優っぽさが全くなかった。ごく普通のお嬢さんという自然さが、女優ではなく、日本から来たプロデューサーか監督のお嬢さんにちがいないと諦《あきら》めたのですよ。サビーは素人のお嬢さんに出来る役ではないですからね」

リーン監督の説明を聞いてもわたしは上の空でいた。

「最後の夜の授賞式で、『亡命記』の主演女優ケイコ・キシに最優秀主演女優賞とアナウンスがあって、あなたが舞台でトロフィーを受けたときは、もう、吃驚《びっくり》した！」

わたしはぼんやりと聞いているだけで相槌《あいづち》さえ打てなかった。

「もっと驚いたのは、翌朝さっそく電話したら、あなたはすでに次回作のため、日本へ発《た》ってしまっていた！」

銀座の裏通りにある「ローマイヤー」という喫茶店で、コーヒーを前にわたしはしゃちほこ張っていた。彫刻のように端正な面差しのデヴィッド・リーン監督に見つめられ、しずかな声でわたしとの出会いを語ってくれているのに、わたしはドキドキと緊張していただけだった。何かをしなければと焦った。目の前にあるコーヒーを飲もうと思った。まず落ち着いてミルクを入れようと思った。で、わたしはミルクを、コーヒーカップから十センチも離れたテーブルの上にボタボタとこぼしてしまった。

慌てるとわたしの手先はわたしの思いと無関係な仕草をしてしまうのだ。コップを落としたり、コップのないところに飲み物を注いだり……。リーン監督がはじけるように笑った。

「サビーにもお茶目なところを書き加えましょう」

その後、横浜の我が家にも、原作者のリチャード・メイソン氏と泊りがけで来ていただいた。座敷に並べた二つの布団の上に吊《つ》られた、青い麻の大きな蚊帳《かや》が美しいと喜んでくださった。母の用意した外国人向けの浴衣《ゆかた》を着て二人が告白したのは、折角の日本式お風呂に入れなかったということ。

「日本の人はあのお風呂にどうやって入るのですか？」

わたしははっとした。当時我が家はまだ五右衛門風呂《ごえもんぶろ》だったのだ。そこでわたしは健気《けなげ》にも、むかし、石川五右衛門という大泥棒がいて……となけなしの英語で必死になって五右衛門風呂の由来を説明した。わたしの奇妙奇天烈《きみょうきてれつ》な英語に二人の英国紳士は声をあげて笑った。どこまで話が通じたのか分からない。

横浜の自宅を訪れたデヴィッド・リーン監督（左）と原作者のリチャード・メイソン（1955年）

「あなたの英語は間違いだらけで素晴らしい！　間違え方にユーモアがあって面白い。でも、映画の主人公サビーにはユーモア抜きの正しい英語を話してほしい」
　その年の大晦日《おおみそか》、わたしは英語マスターのためロンドンへ発った。南回航路で、七つの国へ降り、七つの初日の出を見た。ほぼ五十時間かけて最後の中継地パリへ着いたのは、ぼたん雪の降る一月二日だった。レマルクの『凱旋門』に描かれたシャンゼリゼ大通りを見たかったので、パリで一泊した。

世界的ヒット映画にもなった小説『凱旋門』は、当時の若者が夢中になった物語だった。その日のシャンゼリゼは降りしきる雪で煙っていた。はるか彼方に幻のような凱旋門が聳《そび》え立っていた。雪を纏《まと》いながらわたしは一人でコンコルド広場からゆっくりと幻へ向かって歩いた。凱旋門の壮大さに息を呑《の》みながらも、歩いてきたシャンゼリゼ大通りをふり返り、なんて美しくて寂しい街なのだろう、こんなところにわたしは住めないと思った。それから一年半も経《た》ずにパリの住人になろうとはゆめ知らず……。

わたしがロンドンへ着いたとき、リーン監督はインドのニューデリーで『風は知らない』のシナリオを書きながら、ロケハン(事前調査)をしていた。ちょっと寂しいわたしを、原作者のリチャード・メイソン夫妻が御自宅へ泊めてくれた。

お子さんが学校の寄宿舎に入っていて、子供部屋が空いていた。奥様の料理は絶品だったし、毎晩のようにオールド・ヴィック劇場へ連れ立って行き、観劇三昧《かんげきざんまい》に耽《ふけ》った。わたしはそこで、ポール・スコーフィールドが演じるハムレットや、リチャード・バートンのマクベスを観《み》た。

御夫妻にせがんで、当時世界に名だたるバレリーナのマーゴ・フォンテインの『白鳥の湖』を観に行った。華麗な美しさに胸を衝《つ》かれ、特に三幕の、悪魔に操られた黒鳥の、あまりにも妖艶《ようえん》な踊りには胸の動悸《どうき》が高まった。バレリーナに憧《あこが》れたひところの自分を思ったのだった。

やがて学校の休みに入り、お子さんがメイソン家に帰ってくるので、わたしはイギリス中部にあるレスターシャーの学校に移った。その学校でも生徒は休みで、寄宿舎はがら空き。無人の寄宿舎は暖房を断たれ、わたしに与えられた部屋の窓の内側にツララが下がっていた。

極寒の部屋で震えるわたしを、フランス人女性の校長とその息子の教師が暖炉の燃える暖かい部屋で、英語の特訓をしてくれた。食事も御家族と一緒にするという特別待遇だったが、夜はツララの下がった部屋で、湯たんぽを抱えて寝た。

そんなとき舞い込んだ『風は知らない』撮影の延期に、わたしは呆然《ぼうぜん》とショックを受けた。映画のプロデューサー、名高いアレキサンダー・コルダの急逝で、すべてが一時ストップしたのだった。

衝撃で打ちひしがれていたわたしに『亡命記』を観たという、フランスのイヴ・シァンピ監督から、松竹を通じて『長崎の台風』(邦題『忘れえぬ慕情』)への出演依頼の電報が届いた。彼の『悪の決算』(原題『英雄は疲れた』)は二度も観て感激していたので、急遽《きゅうきょ》フランス語習得のため、パリに移った。

大船撮影所からロンドンへ、ロンドンからパリへ、英語からフランス語へ……目まぐるしい変化にわたしの好奇心は燃えた。

パリでもホテルではなく、山本権兵衛《やまもとごんべえ》海軍大将(その後、内閣総理大臣)のお孫さんの喜美子さんがホームステイしていた、高齢の貴族のお屋敷に同居させてもらった。この幸運はどこからやって来たのか忘れてしまった。喜美子さんやシャンソン歌手の石井好子さん、特別な個人教授のお陰《かげ》で、わたしのフランス語は著しく(⁉)上達した、と思い込んだ。楽観はわたしの持ち前の性分なのだ。

驚いたことに、出演が決まった『長崎の台風』のフランスのプロデューサーから、額は忘れたが莫大《ばくだい》な出演料の一部をいただいた。それを三カ月のパリ滞在でわたしは全部使い果たしてしまった。何に？　と聞かれても思い出せない。憶《おぼ》えているのはドイツ製のカメラ「ライカ」を、部品、交換レンズのすべてそろえて買ったことだけ。このころのわたしは写真に凝っていた。

帰国の日、エール・フランスのカウンターでわたしは必死で抗議していた。「蚤《のみ》の市《いち》」で買い集めた大量の骨董品《こっとうひん》のせいで、ひどい超過料金を請求されたのだが、わたしはすでに一文無し。

わたしの隣に英語でチェックインをしている大きくて強そうな人がいた。

「お隣の男性、わたしの体重の三倍はあると思います。わたしと荷物全部合わせても彼の体重にはなりません」

「体重と荷物は別です」

必死な陳情の末、日本で後払いすることで決着した。

『忘れえぬ慕情』撮影中のわたしに手紙が届いた。

「わたしはあなたがパリの空港で「わたしの体重の三倍以上ある」と抗議なさったときの男です。力道山といいます……」

プロレスというものは見たこともないけれど、そのころのわたしには摩訶不思議《まかふし ぎ》な偶然や出会いが重なった。

その後、いつだったかは憶えていないが、プロレス試合への御招待をいただいた。運転手さん付きの車でお迎えをいただいて、わたしは自分の車を置いて出かけた。

会場は異様な興奮に包まれていた。割れるような拍手でリングに上がった筋肉質の力道山はカッコよかったが、相手はまるで巨大な黒いゴジラのようで気味が悪かった。スポーツというより、強烈に乱暴な格闘ショウを見ているようで、落ち着かなかった。

怪物のような相手を、そのころの日本人が熱狂した空手チョップとやらで打ちのめす場面で、熱狂する会場とは裏腹に、わたしは息も出来ないくらい気分が悪くなった。

隣席にいた、たぶん力道山のお弟子さんが、わたしを控え室に案内してくれた。自分の車で来なかったことを悔やんでいるとき、まるでそれを見透かしたようにお弟子さんが言った。

「御辛抱ください。試合が終わって着替えたらすぐ、本人が御自宅までお送りしたいそうです」

そのころは携帯電話なんて便利なものはなかった。控え室の電話を借りて、送っていただくので、何かのおもてなしを準備してくれるように頼んだ。

力道山の運転は流石《さすが》にうまかった。当時、高速「横羽線」なんてものはなく、中原街道をスイスイと抜けて、白楽の家の近くまで来て驚いた。普段人気《ひとけ》なく、家屋もまばらな住宅街が、黒山の人でどよめいていた。当時のお手伝いさんが空手チョップの大ファンで、「力さんが来る!」と言い触れたらしい。車はたしかメルセデスで、扉が左右に翼のように跳ね上がると、わあーっという声が沸いて、家に入ってお茶を差し上げることさえ出来なかった。

力道山は笑いながら片手を上げて、「今度は、隅田川の花火大会に御招待しますよ」と言いながら走り去った。

送ってもらう車中、プロレスの話を避《さ》けて訊《き》いてくれた。

「映画やお芝居のほかに、見たいと思うものは何ですか？」

「花火！」とわたしは答えた。変な答えだとは思ったが、そのとき本当に花火が見たかったのだ。片手を上げて去って行った、力道山のいい笑顔を見て、もらった手紙の中身を思い出した。

「ぼくは、今の自分より、大関を夢見て、土俵の上で一生懸命になっていた自分のほうが好きです」

17　日仏合作『忘れえぬ慕情』

一九五六年当時、日本で合作映画を作ることはむずかしかった。まず映画のタイトル *Typhon sur Nagasaki*（『長崎の台風』）には「長崎に台風は上陸しない」と松竹からクレームがつき、邦題は『忘れえぬ慕情』になった。このころ本当に長崎に台風は来ていなかった。時代も、気象状況も変わるのだ。

当時の日本には、我が聖なる日本国が外国人なんぞに分かってたまるか、というコンプレックス混じりの神経質な誇りがあったように思う。日本人は、心やさしいし謙虚でもある。ホスピタリティも素晴らしい。けれど合作映画をスムーズに運ぶにはさまざまな問題点が浮上し、お互いに頑固になる。日本という海に囲まれた小さな安全地帯は鎖国という歴史を持ち、一般の人は世界を見ることに熱心ではなかった。たとえが適切ではないかも知れないが、同じころ、日本で撮影された『東京暗黒街 竹の家』(一九五五)というアメリカ映画があった。酷評の嵐だった。国辱ものだ! 畳の上を靴で歩く、とんでもないところから布団が出てくる等々。わたしはこの作品を観《み》ていないが、東京暗黒街をバックに描いたいわゆるフィルム・ノワールで、かなり鋭い日本への視線もあった映画らしい。撮影時、当然ながら日本側のアドヴァイザーもいたはずだから、なぜ些細《ささい》で単純な間違いをその場で正さなかったのか、問題はそこにあるとわたしは思った。

今は違うかも知れないが、当時はかなりしっかりした知識人でも、外国人を前にすると、へんに遠慮がちになったり、腰砕けになる。か、不自然に居丈高《いたけだか》になったりする、とわたしは思う。

直前にロンドンとパリを見聞したわたしは、日仏両国に根づいた二つの異なる気質や習慣が感じられて、ハラハラしたり、面白がったりした。

最大の問題は撮影時間だった。フランスの俳優の多くには舞台がある。舞台が終わるのはほぼ真夜中。それから連れ立って夜食をとり寝るのは朝方なので、映画の撮影は昼に始まり、休憩なしで夜八時まで一気に撮る。日本では朝九時に開始、昼食は十二時、夕食は五時、六時だが、フランス人はそんな時間にはお腹《なか》が空《す》かない。

「日本の習慣通り、開始は朝九時、夕食時間は五時に日本のスタッフ、八時にフランス側と二度に決めよう」

シァンピ監督のこの提案に両国のプロデューサーが驚いた。夕食時間を二度も取ったら製作費に負担が出る。

「郷に入れば郷に従う。お互いの郷を尊重して気持ちよく仕事をしよう」

そんな決断をしたイヴ・シァンピ監督にわたしは魅力を感じ始めていた。

ジャン・マレー扮《ふん》する造船技師を追って長崎までやってきたダニエル・ダリュー扮する昔の恋人と、乃里子役のわたしが恋のさや当てをする場面では、啖呵《たんか》に近いフランス語を立て板に水と浴びせるのに、わたしのフランス語では勝負にならなかった。シァンピ監督の口添えで親身な助太刀《すけだち》をしてくれたのは、恋敵役《こいがたきやく》の大女優、ダニエル・ダリューだった。わたしの台詞《せりふ》をテープにとり、付きっきりで根気よく発音から、フランス風言い回しまでを教えてくれた。

「イヴはね、医科大学生から地下運動に入って、ノルマンディ上陸にも加わったの。大勢の負傷兵たちの命を救って勲章も貰《もら》ったし、戦争ルポも撮って賞も受けたのよ」

とダニエルが言った。

若い軍医だったイヴ・シァンピは司令部から十六ミリのカメラを渡され、ヒトラー邸炎上から、ナチス・ドイツに占領されていたシャンゼリゼ大通りに、ドゥ・ゴール将軍率いる「自由フランス軍」が凱旋《がいせん》するまでを撮った。このドキュメンタリー『栄光の仲間たち』は世界的な大ヒットになったそうだ。

ヒトラー邸炎上を撮影したイヴ・シァンピは、窓に掲げられていたハーケンクロイツの旗と、昼時だったので食卓に並べられていたヒトラー家の紋章の入ったナイフやフォークを一組、ポケットに頂戴《ちょうだい》して戦利品とした。

ある日、シァンピ監督がわたしの純和風の住まいを見たいとやってきた。神棚と仏壇が同じ部屋にあるのは何故《なぜ》？と聞かれ、五右衛門風呂《ごえもんぶろ》の説明をしたとき

撮影中のイヴ・シァンピ監督．着ているブルゾンは岸惠子のお手製

の伝で、神仏習合の歴史を危なっかしい英仏習合の下手クソな言葉で必死に説明した。それで彼はわたしが熱心な仏教徒と勘違いしてしまった。

その後結婚することになったわたしたちの式を、教会を避けて、パリ郊外の美しい谷間の村役場で挙げることになろうとは、そのとき、思いもしないことだった。

『君の名は』の熱気で、長崎のロケは群がる見物人で撮影がしばしば頓挫《とんざ》した。そうした状況を考慮して、監督は長崎でも高名な料亭を貸し切りにして、夕食に招待してくれた。

はじめての一対一でわたしはドキドキした。彼には戦場という修羅場をかい潜《くぐ》ってきた人の、沈着で深い静けさがあった。寡黙ではあるけれど、知性とユーモアが漲《みなぎ》り、体験による骨太そうな人柄にわたしはずっくりと惹《ひ》かれていった。

「日本はいま自費での海外旅行を禁じている。ぼくが招待するからヨーロッパやアフリカを見てみませんか」

〈え？　これって……プロポーズ？〉

わたしのややこしく複雑だったにちがいない顔を見て、彼は笑った。

「《卵を割らなければ、オムレツは食べられない》という諺《ことわざ》がある。でも、いろいろな国を見て、やっぱり日本がいいと思ったら、帰ってくればいい。卵は二者択一の覚悟が決まったときに割るほうがいい」

「そんな勝手をしていいの？」

「あなたは自由なんだよ。あなたの意志を阻む者がいるとしたら、それはあなた自身だけだ」

わたしは恋に落ちた。

18 『雪国』そして決別

わたしが一世一代の覚悟をもって臨んだ映画、『雪国』(一九五七)のロケ撮影の初日である。

雪の連山に囲まれて、わたしを負《お》ぶった島村役の池部良さんが、素足に下駄履《げたば》きで凍《い》てついた雪解け水の川に入る。台詞《せりふ》もないし、川を渡るだけのカットが、何回やっても豊田四郎監督は気に入らなかった。わたしの負ぶさり方が芸者になっていない! とそっぽを向く。わたしの心がささくれ立ち、雪解け水より凍《こご》えてきたころ、

「やっと芸者らしくなった。でも新橋の芸者だ。温泉芸者になっていない!」

そんな撮影が一週間も続いたある日、酔った駒子《こまこ》がしどけなく島村に甘える

シーンを何回もテストしたのち、監督が言い放った。

「お二階さん、ライト消して早飯にしよう。岸クンには駒子をじっくりと考えてもらおう」

「早飯にしないでください。もう一度やらせてください」

初日以来、ものも喉《のど》を通らず、やつれ果てたわたしが叫んだ。

そのとき、池部さんがすっと寄ってきて、まるでたいした内緒ごとのようにささやいた。

「恵子ちゃん、すき焼き好きかい？」

〈えっ？　何がすき焼き？　わたしが奈落の底に落ちるかも知れないこの瞬間に……〉だいいちわたしはそのころ、すき焼きが大っ嫌いだった。

「今夜、みんなですき焼きを食おう」

池部さんの眼を見てわたしは何かがぐらっと揺れたように思った。その瞳《ひとみ》の奥に漂っていた深いやさしさを見て、わたしの駒子が砕け散り、豊田監督の駒子が肌に忍び込んできたのだった。白けたスタッフが気の毒そうに見守る中、本番が

『雪国』で池部良と共演(1957年). 映画との決別を決めていたのだが……. © TOHO CO., LTD.

回った。わたしはそれまでとはちがう駒子になっていた。

「いいじゃないの、お駒さん！　とっても良かったよ！」

監督がくしゃくしゃの笑顔になり、手まで叩《たた》いて喜び、わたしの胸の中に熱いほむらが燃えた。岸クンがお駒さんになり、わたしの駒子が豊田監督の駒子にすり替わった瞬間だった。

『雪国』をそれまでのわたしへの決別の映画と決めていた。女優としてのわたし、祖国と両親と、愛してきたすべてのものへの決別。イヴ・シァンピの言った言葉の端々を心に刻んでいた。

《人の一生には、何度か二者択一のときがある》

《卵を割らなければ、オムレツは食べられない》

オムレツは食べたいけれど、卵も割りたくないという未練がましさは、わたしにはなかった。『雪国』出演が決まったとき、わたしはわたしの卵を割った。

「一九五七年五月一日に、パリのあなたのもとに行きます」

とイヴ・シァンピに電報を打った。結婚の決意を両親と「にんじんくらぶ」の若《わか》槻《つき》代表にだけ打ち明けた。三人とも蒼《あお》ざめた笑顔で眼を潤ませた。

それからは必死で三味線の稽古《けいこ》をした。生まれて初めて持った三味線に誓った。駒子が弾く『勧進帳』大薩摩《おおざつま》を吹き替えなしで自分が弾く。それからの六カ月間、指先に血豆が出来るほど夢中になって稽古をして、大薩摩を立派に弾き終えた。それは、女優としてのわたしへの決別の禊《みそぎ》だった。それらの日々、わたしは駒子に恋し、池部さん演じる島村に恋し、監督やスタッフに恋した。

撮影最後のワンカットを撮り終えたのは、一九五七年四月下旬、徹夜明けの朝方だった。結髪室で、自毛で結いあげていた日本髪の元結《もっとい》に鋏《はさみ》が入り、プツンと音がした。

わたしの二十四年間への決別の音だった。元結を切られた髪が肩にばさりと散らばった。身体《からだ》が震え、堰《せき》を切ったように涙が溢《あふ》れ、わたしは号泣した。そのわたしを、島村の衣装のままの池部さんが腕組みをして、窓に寄りかかり黙ったままじっと見つめてくれていた。

第Ⅲ部　イヴ・シァンピとともに

［扉写真］

カンヌ映画祭に出席．たくさん持っていた振袖の中で，いつもこれを着た．細いわたしの身幅に模様合わせをしていたし，裏地がなく単衣《ひとえ》に仕立てたので，助っ人がいなくてもひとりで着ることができた．

19　旅立ち

『雪国』の撮影が長引いたため、小津安二郎監督がわたしのために書いてくれた『東京暮色』（一九五七）にも、今井正監督の『夜の鼓』（一九五八）にも出演できなかった。パリ行きを遅らせればよかったのに、一世一代の約束を変えるなんて女が廃《すた》ると思ったのだった。わたしが諦《あきら》めた二つの役は、「にんじんくらぶ」の仲間、有馬稲子さんが演じてくれた。

わたしの旅立ちは、敗戦から十二年目のこと。個人的な海外旅行は禁じられ、もちろん円を持ち出すことなど御法度《ごはっと》だった。そんな時代状況の中、夫となるはずのイヴ・シァンピは、当時の日本の法律に殉じて、わたしの海外での生活をすべてギャランティしてくれる誓文《せいぶん》を書き、財産調書まで提出することに快く応じてくれた。

こうして一九五七年の四月二十九日、二十四歳のわたしは身一つで祖国日本を去ったのだった。その日、羽田空港でわたしは共演した大勢の人たちに囲まれていた。

撮影が終わったばかりだった『雪国』の恋しい人たち。池部良さん、八千草《やちぐさ》薫《かおる》さん、豊田監督。「にんじんくらぶ」の有馬稲子さん、久我《くが》美子《よしこ》さん。数々の映画で共演した佐田啓二さんや高橋貞二さん、合作映画『忘れえぬ慕情』で妹を演じた野添《のぞえ》ひとみちゃん、その中に表情を失《な》くした若槻《わかつき》さんがじっと座っていた。

彼は、お餞別《せんべつ》のように分厚い袋を渡してくれた。

「これからは、書きたいことがたくさんあると思う」と言って若槻さんが手渡してくれたのは、何冊もの本が書けそうな分厚い四百字詰めの原稿用紙の束だった。航空便用に薄い紙を使って、「岸惠子」とわたしの名前が印刷してあった。

黒山の人群れの後ろに離れて、父と母が蒼《あお》ざめた顔で笑みを浮かべようともがいているのが分かった。誰もひと言も言葉を発しなかった。

「恵子ちゃん、ほんとに行っちゃうんだ。もう会えないかも知れないんだ」

と突然、野添ひとみちゃんが泣きながら抱きついてきた。胸に湧《わ》き上がった思いを振り切るようにわたしは立ち上がった。

「ありがとう。みんな……ありがとう」

歩きだしたわたしにつれて、みんなはそのころあった見送り台のほうへ移っていった。そのとき、駆け寄ってきた顔見知りの男性がいた。

「預かってきました」

とだけ言って掌《たなごころ》に入りそうな小さな花束を差し出してくれた。薄い黄色のフリージアの花束をくれた人は、鶴田浩二さんの運転手さん

イヴ・シァンピとの結婚のため羽田を発つ(1957年)

だった。

箱根山の上で、〈トオッキョブギウギ～、リズムウキウキ～、ココロズキズキ、ワクワク～～～〉と歌いながらステップを踏んだわたしが、肥やしの中に落っこちて笑い転げていたとき、車から濡《ぬ》らしたタオルを持って駆け寄り、わたしについた肥やしをきれいに拭《ふ》き取ってくれた運転手さんだった。拭《ぬぐ》ってはくれてもまだ肥やしの臭《にお》いがするわたしを、いきなり高だかと星が煌《きら》めく夜空に向けて鶴田さんは抱き上げた。そして大きな声で叫んだのだった。

「手をうんと高く伸ばして星を獲《と》れ！　たくさん獲ってきれいな花嫁衣装を作れ！」

小さな花束には、何のメッセージも、言葉もなく、運転手さんは愛嬌《あいきょう》のいい顔をほころばせてペコンとお辞儀をして去っていった。

〈あのときの星で作った花嫁衣装を着るわよ〉

心の中で呟《つぶや》いて、わたしはエール・フランスのタラップを登った。

窓から見える羽田空港の見送り台で振ってくれている手が次第に小さく遠くな

り、わたしは一路パリへ向かって、祖国を離れた。飛行機の中でコップに活《い》けたフリージアの花は、パリへ着くまでわたしに寄り添ってくれていた。

こうして一九五七年五月一日、わたしは四十八時間という長旅を経て、パリの空港に着いたのだった。エール・フランス機のタラップを降りるわたしに眩《まぶ》しいほどのフラッシュがたかれ、抱えきれないほどのすずらんの花束が贈られた。夕映えの美しいすずらん祭りの日だった。今から六十四年も昔のことである。

『忘れえぬ慕情』は大ヒットとなり，観客たちが劇場を十重二十重に取り囲んだ(1956 年)

『忘れえぬ慕情』は、劇場を十重《とえ》二十重《はたえ》に囲む観客で超大ヒットとなった。フランスだけではなく、ヨーロッパや中東、多くの国が、大歓迎してくれた。それまでの日本といえば、十九世紀の美術史に革命をもたらした浮世絵であり、映画では、『雨月物語』(一九五三)の幽玄美、『羅生門』(一九五〇)、『七人の侍』(一九五四)などの傑作はあったが、今現在の日本を描いたものは少なかった。『東京物語』(一九五三)で小津安二郎ブームがロンドンから起こったのは、このときよりずっとあとのことだった。

ごく一般の人にとっては、《黄金の国ジパング、フジヤマ、ゲイシャ》が、うっすらとした知識としてあっただけだと思う。

「えッ! 日本人って肌の色、黒くないんだ!」とか、「日本って、中国のどの辺にあるの?」などと言う人たちに、わたしは吃驚《びっくり》したものだった。

パリ到着後、三日後に迫ったわたしたちの結婚式には、日本と同じに仲人が必要だった。『忘れえぬ慕情』の大ヒットで突如沸き起こった日本ブーム。国際的に華々しい交流役を務めたカップルにふさわしい仲人は、文化大使として評判の高い日本大使しかない、とシァンピ家に集まる大作家アンドレ・マルローや文化人たちの進言があり、多少の気後れを感じながらも大使公邸を訪れた。大使はにこやかにイヴ・シァンピと談笑していたが、わたしに向けた顔がにわかに硬くなった。

「あなたは『君の名は』とやらでスターになったと聞きましたが、ここは大使館という国家の機関ですよ。売名行為に使う機関ではない！」

わたしは息が止まるほど驚いた。愛するものすべてを捨てて羽田を去って以来、これが初めて聞いた祖国日本の言葉だった。

「失礼いたしました」

謝罪しながら心にツララが刺さった。映画は文化であり、映画人は文化人とするフランスとはちがって、日本ではまだ、大昔「役者風情《やくしゃふぜい》」とか「河原乞食《かわらこじき》」と言っていた差別意識が温存されているのだろうか。

「人間は纏《まと》ったユニフォームのしもべとなる」と言ったナポレオンの言葉が浮かんだ。この大使はどんなユニフォームを着ているつもりなのか……と執務室を出るわたしの足がもつれた。複雑な顔色でわたしを支えてくれた夫となる人がドアを開けた途端に、わたしは別の驚きで卒倒しそうになった。

ドアの前のソファにゆったりと座って大使への挨拶《あいさつ》を待っていたその人は、ほんの数日前、元結《もっとい》をパッンと切って決別したわたしの最後の映画『雪国』の原作者、川端康成先生だった。

湧き上がった幻想の中で、わたしはロケ地「越後湯沢」の雪の連山に囲まれ、真っ白で美しい日本のぼたん雪にうずもれ、溢《あふ》れる涙で心が溶けた。川端先生はそのまま公邸の斜め前にあるシァンピ家に来てくださった。私的旅行が許されなかったこのころのパリで開かれた「ペンクラブ」世界大会のため、会長であった川端康成先生は公式訪問されたのだった。

「仲人？　わたしがやりますよ」

と即座におっしゃった。

昼時だったので、銀皿からシァンピ家の給仕長が、白アスパラガスを優雅に配った。わたしが摂《と》ったフランスでの初めての昼食だった。ナイフを使ってはいけないものが三つあるとは知っていた。サラダ菜、スパゲッティ、アスパラガス。じゃ、どうやって食べるの？　川端康成先生は細い指でアスパラガスをヒョイと摘《つま》み、ベシャメルソースに浸してパクリと食べた。素敵だった。

「今、アスパラガスは旬《しゅん》ですね。とてもおいしい」

と言いながらわたしの眼をじっと見た。

「四谷の宿で、座布団に隠した小説を見せてください」

「あれは……捨てました」

「嘘《うそ》でしょう」

嘘だった。

そんなわたしたちをイヴ・シァンピが深い視線で見つめていた。

20　パパラッチの襲来

ヴァルモンドワという谷間の村役場での結婚式には、ダニエル・ダリューをはじめ大勢の知名人たちの中に、川端康成先生の同伴者として、にこやかな日本大使夫妻の姿もあった。

イヴ・シァンピの仲人が、「ペンクラブ」で川端先生と親しいフランスの文豪であり医師でもあったジョルジュ・デュアメルさんであったし、彼の大邸宅がこの村にあった。デュアメル三兄弟のうち二人が医科大学でイヴ・シァンピと一緒だった。わたしたちの披露宴は、親友だった次男のジャン・デュアメルの屋敷で、三日三晩華やかに続いた。広い庭の随所に焚火《たきび》がたかれ、花火を打ち上げ、村中の人を招待して、三百本のシャンパンを空けてのお祭りさわぎとなった。

パリ郊外ヴァルモンドワのジャン・デュアメルの屋敷にて結婚披露宴を行う（1957 年 5 月 4 日）

披露宴の前に、パリ郊外、ヴァルモンドワの村役場で結婚式を挙げた。前に記した通り、わたしの下手な説明でわたしが熱烈な仏教信者と勘違いしたイヴ・シアンピが、パリの教会を避《さ》けて、ヴァルモンドワという美しい谷間の村を選んだ。その村長さんは、並みいる有名人、文化人を見て気の毒なくらい緊張していた。

恒例らしい新郎新婦の住所を読み上げるとき、わたしの住所は難題だったらしい。横浜市まではよかった。港北区を読み上げるのだが、ローマ字で書かれた箇所に来て、村長さんの手が震え声を張り上げ、「コーキュキュ」と読んで、群がる列席者や村人が〝ぎゃあ！〟と笑った。区はフランス読みにするにはKUではなくKOUと書かなければ「きゅ」となり、「キュ」とはお尻《しり》の穴の隠語なのだ。しかもHは発音しないから港北区は「コーキュキュ」となって「コキュ」はやはり隠語で嘲笑《あざわら》うときに使われる「寝取られ男」という意味になるとはわたしも知らなかった。さんざめく賑《にぎ》やかな笑いの中、村長さんは真っ赤な顔でどもりながら弁解した。

「ごめんなさい。日本語を読むのは、まったく……もって……今日が、生まれてはじめてなので……」

黒山の人からあたたかい拍手が起こった。心に沁《し》みる思い出である。わたしは睡眠時間ゼロということもあった女優生活から、一気に別世界に飛び込んで、幸せは心に満ちたが、身体《からだ》に異常を覚えた。ヴァルモンドワでの三日目は寒い日だった。酷《ひど》い寒気で歯の根が合わないほど全身が震えた。祝い客には、当然のことながら大勢の医師がいた。夫となったイヴをはじめみんなが、大決心のあとの長旅で疲れ果てての風邪と思った。湯たんぽを抱えて寝たわたしは翌日元気になり、みんなに送られて、三カ月という長い新婚旅行に発《た》った。

陸路イタリアへ入り、ヴェニスからは船でアドリア海を回ってギリシャの遺跡巡りをする計画だった。日本とは異なる国々や文化を見せたいという約束を実行してくれての壮大なプランだった。

南仏へ走る国道七号線から見る景色が素晴らしく、歓声をあげていたわたしは、次第にあたりが昏《くら》くかすんで、身体に重苦しい鈍痛を覚え、動くことさえできなくなった。

「風邪ではない。盲腸かも知れない！」イヴが即断した。

「一度、盲腸に苦しんだの、撮影中だったので手術しないで散らせたことがある……」

「それを知らないで、湯たんぽとは……」

その日五月八日。フランスの戦勝記念日で全国の病院は閉鎖されていた。パリの次に大都市であるリヨン市まで行き着き、非常勤医師が手早く手術をしてくれた。不幸中の幸いは、彼が執刀の名医だったことだった。

そのあとにわたしは丘の上の尼僧院にある病室に寝かされた。意識がまだ戻っていない朦朧《もうろう》としたわたしは、騒然とした病室の雰囲気に、何かが起こったのだとぼんやりと感じた。それはとんでもないことだった。ほんの一、二分席を外していた看護師でもある尼僧が病室に戻ったとき、見知らぬ若い男がベッドにのしかかり、手術直後のわたしの額にのせてあった氷嚢《ひょうのう》を外して、顔の間近でフラッシュをたき写真を撮っていた。

尼僧に続いて術後の相談をしながら病室に入ったイヴと執刀医も男を追ったが、

若いパパラッチはすばしこく逃げきったという。

それから間もない日本の大新聞の三面記事に、わたしがベッドにぐったりと寝ている惨めな顔写真が載った。

「これが、岸恵子のフランス到着後の姿である」

意地悪なコメントに唖《あ》然《ぜん》とした。戦前からパリに住む親しくしていた高田美《たかたよし》というう優れた女性カメラマンが、わたしたちの結婚式の一部始終を撮り日本のマスコミに送っていた。その他大勢のフランスのカメラマンたちが送った写真は、華やかに賑わう花火の下、焚火を囲む友人たちの真ん中にいるイヴとわたしの姿だった。日本のマスコミはそれら幸せなわたしより、萎《な》えきってベッドに横たわるわたしを選んだのだった。何たること！　でもこんな些《さ》事《じ》でわたしの日本を恨みはしないとも思った。

21　イヴ・シァンピ邸

フランスは何もかもが眩《まぶ》しかった。夫の両親が世界的なピアニストであり、ヴァイオリニストであることは知っていたが、学生のときから自立している夫の住まいの、途方もなく幻想的な佇《たたず》まいに息を呑《の》んでしまった。わたしを虜《とりこ》にし、女優にした、ジャン・コクトーの映画『美女と野獣』は、この時代のわたしに「運命」として絡んでいたようだった。わたしを魅了したシァンピ邸の内装の美しさと奇抜なアイディアは、『美女と野獣』を担当した高名な美術監督が手掛けたものだと知って驚いた。五階、六階をぶち抜いたアトリエ風の七、八メートルもあろうかという天井の高さと、広々としたリヴィングの四分の一は、弧を描いた書棚が占め、その書棚を抱くように伸びているレトロな階段の踊り場が食堂になっていた。まるで宙に浮いたようなこの食堂で、川端康成先生がアスパラガスをパクリと食べたのだった。

ときおり集まる高名な文化人、詩人や作家やスクリーンで見知った映画スターたち。東京の日仏会館に通って学んだ覚束《おぼつか》ないフランス語と、東大の仏文教授、前田陽一先生の特別な個人教授で叩《たた》き込まれた、フランス語独特のアクセントの発声法は大いに役に立って、わたしはすべてを捨てて選んだ未知の世界に膨大な夢を持った。

シァンピ家には、ル・コルドン・ブルー料理学校を首席で出た、素晴らしい料理人兼すべてを司《つかさど》るガヴァナー、マダム・ラプロンシュがいて、彼女に仕える下働きのお手伝いさん、会食のときは彼女の夫が作法に則《のっと》った給仕長になり、秘書もいた。

主婦としてのわたしが出来ることは、免許皆伝・師範の腕で来客を瞠目《どうもく》させる派手な花活《はない》けをするくらいだった。シァンピ家に集まる錚々《そうそう》たる人たちは、大胆な花活けやわたし自身を褒《ほ》めそやしてくれた。けれどわたしはまだ何も自分らしさを表現していないのに、皆から愛《いつく》しまれている自分がこそばゆかった。わたしは役立たずの主婦の座を放棄して、遮二無二フランス語を勉強した。

そんなわたしに大使館から依頼があった。『忘れえぬ慕情』が巻き起こした日本ブームに乗じて、パリ随一の百貨店「ギャラリー・ラファイエット」が「日本展」を催したい、ついては四季を象徴する振袖《ふりそで》を展示したい。そんなものが大使館にあるわけもない。結婚のため日本を去るとき、わたしは禁じられていた金銭は一切持ち出さず、代わりに衣装道楽にかまけて何十枚という着物を持ってきていた。提供した四枚の振袖は観《み》る人々が歓声をあげてくれたが、強い照明で色褪《いろあ》せ、その後、着ることが出来なかった。

次なる依頼はオペラ座の『蝶々夫人《ちょうちょうふじん》』だった。夫人役のソプラノ歌手は大柄でたいそうな肉付きだった。ソプラノ歌手が恐縮して見事なマロニエの花束を贈ってくれたが、五枚目の振袖は長期間の公演で無惨な姿になった。わたしは知らぬ間に「民間大使」として重宝されていたのだった。

22　ちょっといい話——長嶋茂雄、王貞治、そして岸本加世子

海外旅行が自由化されていないこの時期、パリを訪れた人々はすべて公式訪問。政治家や経済界のお偉方には縁がなかったけれど、映画界、スポーツ界の方々は皆さんシァンピ家に来てくださった。日本で海外旅行が自由化されるのは、東京オリンピックのあった一九六四年なのだ。多分その前年の一九六三年だったと思うが、雑誌『平凡』の水野イサオ・カメラマンから依頼があった。その年に活躍したプロ野球セ・パ両リーグのMVP選手らが、エール・フランスがスポンサーとなってパリに招待された。ついてはシァンピ家で一緒に写真を撮りたい。シァンピ家は絶好の被写体であったと思う。わたしが大好きな十九世紀の螺旋階段《らせんかいだん》を降りてきた四人の日本男性を見て、夫が驚嘆の声をあげた。筋肉質の細い身体《からだ》を

すらりとした長身に包み、彼らはひどくカッコよかった。マナーも感じも素晴らしかった。長嶋茂雄、王貞治、野村克也、稲尾和久さんらであった。

ところがわたしは野球というものを見たことがなかったし、知識もなかった。恥ずかしいことに、天下の長嶋茂雄さんに臆面《おくめん》もなく訊《き》いたのだった。

「野球の何をなさる方ですか？」

カメラマンが慌てふためき、爆笑が沸いて四人は、このわたしのとんでもない発言で逆に我が家に馴染《なじ》んでくださった。幾度もシァンピ家にお招きして、当時流行《はや》りのツイスト・ダンスを踊り、フラフープを回してわたしは得意がり、夫が四人の日本男児の立派な体格と礼儀正しさに感心したものだった。

それだけではなかった。帰国後、長嶋さんと王さんは十何折ものウナギの白焼きを送ってくださった。ときの萩原徹大使とは親しくしていたし、大通りの向かいにあった公邸のコックさんに頼んで、ウナギの大パーティーを催して友人たちに喜ばれた。

そのうえ、わたしが里帰りをした折に二年も続けて、このお二人は奥様御同伴

イヴ・シァンピ邸を訪れた(後列左から)中村錦之助，長嶋茂雄，有馬稲子，岸惠子の従妹，野村克也，(前列左から)稲尾和久，水野イサオ，王貞治，岸惠子(1963 年)

で、わたしを赤坂の料亭に招いて、山海の珍味を御馳走《ごちそう》してくださった。スポーツには縁のなかったわたしが、超一流のスポーツマンってすごい！と今も感動している。

忘れられない一コマがある。お酒を飲まない王貞治さんはコカ・コーラだった。お手伝いさんが、冷えたコーラを次々に開けようとしたのを慌てて手で制した王さんの仕草と言葉が忘れられない。

「もったいない。そんなにた

くさん開けないでください。コーラはぼく一人ですから、飲み終わったらぼくが開けます」

そのときの王さんのなんとやさしく、清々《すがすが》しかったことか。何十年経《た》った今も、相変わらずの野球オンチだが、ときおりTV画面でお年を召した王さんを見ると、このときの一コマが思い出されて胸がほのぼのと温まる。

海外旅行が自由化する前も、あとも、パリを訪れた方たちのほとんど皆がシァンピ家のわたしを訪れてくれた。その当時、日本人は誰しも、西欧文化や習慣には慣れていない。そうした昔の日々の中で忘れられなく、愛《いと》おしい二つのエピソードがある。

かなりのムカシ。伊東絹子というモデルさんが、ミス・ユニヴァースに入賞なさった。わたしと同い年だった彼女にはすぐに親しみを持った。映画『凱旋門《がいせんもん》』で、シャルル・ボワイエとイングリッド・バーグマンがカルヴァドスを飲んだ、シャンゼリゼの有名なレストラン「フーケ」を紹介した。勇気のある彼女はひとりで訪れ、ブルターニュ産の牡蠣《かき》を頼んだ。まず、きれいな銀盆にレモンの薄切

りが浮いて出てきた。フランス人はこんな小さな器でスープを飲むのかと思ったが、きれいな手さばきでひらりと一口飲んで、

「あッ、いけない！　これフィンガー・ボール！」

ボーイさんが眼をまん丸くした。絹子さんはすかさずあの美しい笑みを浮かべて言った。

「ちょっと味が足りないわ。塩コショウを持ってきてくださる？」

そこはパリ一流店のボーイさん、絹子さんのミステイクも、洒落《しゃれ》も分かって、大きな拍手で笑ってくれた。わたしはこの話が好きである。

そのときから歳月が経ち、向田邦子作のＴＶドラマ『幸福』（一九八〇）でまだ若くか細かった天才児、岸本加世子さんと共演した。

「もし、パリへ行ったら、お宅にお邪魔してもいいですか」

「もちろんよ。是非来てちょうだい」

「日本からのお土産なにがいいですか？」

「ウン。お米一合で、一晩泊めてあげる！」

笑いながら冗談を言った。

それから間もないある日のパリ、原稿を書いていたわたしに玄関のベルが聞こえた。覗《のぞ》き窓《まど》に揺れていたのは、白い布らしきもの。顔が見えない。

「どなた？」とフランス語で訊《き》いた。

「アタシ……加世子です」

ドアを開けて吃驚《びっくり》した。十キロ以上はあると思われる大きなお米の袋を、マネージャーと思われる若い女性と二人で捧げ持ち、ふらふらと揺れているのだった。

「加世子ちゃん！　本気にして、ほんとにお米……」

みなまで聞かず二人はお米の大袋とともに、我がアパルトマンへなだれ込んだ。肩で息をしていた状態が収まると、加世子ちゃんが泣き笑いのように話しだした。

「よく働いたから、パリでは贅沢《ぜいたく》をしようと……いちばん素敵なホテルを探したんですよ」

「デルフィーヌの部屋が空いているのに……！」

「パリのホテルっていうのに、泊まりたかったんです」

「で、見つかったの？」

「それが、断られちゃったんです！　セーヌ川が横に流れているし、ホテルの前に素敵な広場もあって、ここから近くです。名前が「ホテル・ド・パリ」」

「えッ、それ市庁舎だよ！　シラク市長のいるお役所」

「お役所がなんでホテルなんて名前なんですか！」

わたしたちは笑いこけた。

「パスポートも出したし、お金も出して見せたのに、受付の人、笑って説明してくれて、やっと、ホテルじゃないホテルって名前のお役所だって分かったんです。これってインチキじゃないですか！」

こんなに可愛《かわい》い話はめったにない。

23　言葉ノイローゼ

前章に記したのは、パリという異文化の町に、わたしがまがりなりにも馴染《なじ》んだころのエピソードである。結婚当初のわたしは散々のていたらくだった。パリ到着後四カ月ほど経《た》った夏の終わりだったと思う。

首相公邸で、「時の人」である政治家や、文化人、不肖わたしを含めて三十名ほどが晩餐会《ばんさんかい》に招かれた。欧米のしきたり通り夫婦そろっての盛装、わたしはもちろん振袖《ふりそで》。夜会の集まりは八時半過ぎから始まる。おしゃべりに花が咲きシャンパンで雰囲気も盛り上がり、食事が始まるのは十時近い。お酒に弱いわたしはすでにふらふらである。飛び交う会話も高級すぎてついてゆけない。並みいるおエラい方々が遠来の花嫁であるわたしに気を遣って、なにかと話しかけてくれる。

チンプンカンプンをにっこり笑って胡麻化《ごまか》し、首など傾《かし》げていると、肩が凝りどうにも我慢できなくなる。

おまけに正式な晩餐は前菜から始まって、魚や肉料理のあと、《Trou-normand《トルー・ノルマン》》(ノルマンディの穴)という、サクランボなどを浮かべたカルヴァドスが出てくるしきたりである。ノルマンディは雨が多い。お酒を雨に譬《たと》えて、それまでに食べたものをノルマンディの穴に流して、もう一度贅《ぜい》沢《たく》な料理が出てくる。《フランス人は美食家》という言いならわしを見事に立証する習慣ではある。わたしは情けないことに一皿目でもう満腹の状態である。締め付ける

1963年，ドゥ・ゴール大統領にエリゼ宮へ招かれたときの盛装．このとき，出産を9日後に控えていた

帯が苦しい。こっそり時計を見たら深夜に近い。

思いを込め、斜め前の席にいる夫に眼で息苦しさを湛《たた》えて訴える。とっくにわたしの状態を見極めていた夫は、面白い小咄《こばなし》をさらっとしたのち──こういう席での洒落《しゃれ》た小咄は、必須とも言えるほど慣例になっている──、

「日本という地球の向こう側からやって来た妻が、どれほどフランス式の習慣に不慣れで苦労しているか、一刻も早く外の空気に触れないと酸欠状態になりそうだ」

というようなことをユーモラスなスピーチで披露してくれた。首相が言い添えてくれた。

「そうでしょうとも。わたしだって、タタミに何時間も正座させられたら堪《たま》らない」

笑いと拍手の中、わたしは解放された。途端にバカなわたしは残る力を掻《か》き集めた。このまま黙って去っては女が廃《すた》る、と思ったのである。

ドアまで行き、くるっと振り向いて振袖の袂《たもと》を翻し、にっこりと笑い、見事な

「パリゴー」というパリっ子の、下町アクセントで抑揚たっぷりに言ったものだった。

「オ・プレジール、シュウ・エ・ダム。エ・ボンヌ・コンティニュアシオン……！」

華やかな振袖でバレエ式の深々としたレヴェランスまでしたのだった。精一杯の礼儀のつもりだったのに、並みいる紳士淑女が騒然とした。吃驚《びっくり》した顔、呆《あき》れた顔、笑いだしてイヴを見つめた顔。

〈何かとんでもないことを言ってしまったらしい〉

きょとんとしたわたしを連れてエレヴェーターに乗った夫が、顔を真っ赤にして吹き出した。

「ケイコ。今のフランス語どこで習った？」

「きのう、お酒を運んできた酒屋の丁稚《でっち》さんが、キッチンにいたマダム・ラプロンシュとお手伝いのマリーに、帰るときに言った挨拶《あいさつ》なの。威勢よくて、カッコよくって、慌ててメモして暗唱したのよ」

「これからは、キッチンで会話の勉強はしないこと」と夫は笑った。

日本流に言えば、それは、首相公邸に紛れ込んだ威勢のいい日雇い労働者が、調子のいい江戸っ子のべらんめえ調で「じゃあな、みんな楽しんで続きをやっとくれ」というほどのことらしい。わたしは心《しん》から参った。

フランスでは身分の階級制は廃棄されたが、言葉にはくっきりとした区分があるのだとわたしは悟った。まずは、教養高い知的なインテリが遣う言葉。シァンピ家に集まる人々の言葉だった。二番目が、大ブルジョワジーの品のよい言葉。三番目は、プチ・ブル(ジョワ)と呼ばれている、商人たちが使うざっくばらんで景気よく聞こえる言葉。彼らはよく、「オ・プレジール(お楽しみに)」と言う。それはとても下品で、そのあとに「ドゥ・ヴ・ルヴォワール・アン・ジュール(またお会いできる日を楽しみに……)」とつけばまだいいとか……。

最後の四番目が、わたしが首相公邸で使った「パリゴー」というパリ下町の労働者や、庶民の言葉である。彼らが遣えばそれなりに、スカッ！として小気味がいい。身に合った言葉を遣うのは、聞いていて心地よい。親近感を醸し出そうと、学者や、ブルジョワ階級の人が無理して使うと空々しく白けてしまう。わたしの振袖姿での、べらんめえはおかしかったにちがいないが、誰もわたしが意識してその場の高級感を茶化したとは思わなかったにちがいない。というようなことを感覚的に分かるには四、五カ月かかった。なにしろ海外旅行が禁じられていたため、日本人がいなかった。辞書には出ていない俗語や隠語などは、推量するしかなかった。

もうひとつ、今は変わったかも知れないが、当時の日本では、会社を中心とした男社会があり、妻は家庭を守り、子育てをするという昔からのしきたり。それが欧米では大いに違うのだ。どんな会合にも夫婦揃《そろ》って出かける。

ある日、優れた医師でもあった夫が、医学界の耳と手の手術の新しい技術開発の映写会に招かれた。専門家には尊い映像かも知れないが、注射を打たれるのも恐いわたしには見るに堪《た》えないものだった。耳の奥に分け入ったメスが惨《むご》い動きで細部を切り開く。わたしは自分の耳が熱針で掻《か》き廻《まわ》されているような錯覚が湧《わ》き卒倒してしまった。以来、夫は医学の会合には一人で行くことにしてくれた。

フランス語に関しては、語学と文化を教える「アリアンス・フランセーズ」を開校以来はじめてと称《たた》えられる速さで卒業したし、首相公邸での失敗を肝に銘じて、ソルボンヌ大学の文学部の試験も受けて通学した。若さを頼んでわたしは底力のありったけを駆使して疲れ果てた。日本とフランスの文化的相違は「カルチャーショック」なんぞという素っ気ない一言で片づくわけはない。わたしはその深間《ふかま》にはまってジタバタした。敢《あ》えて言えばノイローゼになったのだと思う。酷《ひど》い不眠症になったわたしに、安定剤の四分の一錠を処方し、夫が提案してくれた。

「ぼくが飛行機のチケットを用意するから、ときどき日本へ帰り、御両親のもとでくつろいだほうがいい」

夫の思いやりは、心から嬉《うれ》しかった。

24　義父母に魅せられて

ユダヤは地の塩

わたしは装いというものを大事だと思っている。その人の抱えている文化や心意気、美意識も含めたそれらを表現する一つの要素と思うからだ。

カタチから入ることにすると、日本で作ったわたしの靴が、パリの空気に合わなかった。ありていに言えば、貧弱でみっともなかったのだ。わたしは身長に比べて足が二十一センチと極端に小さい。既製品にはないのでいつも特別注文で作ってもらっていた。

草履や下駄《げた》など伝統的な履物には、繊細で見事な出来栄えを見せる職人さんがいる。けれど歴史の浅い靴ともなると結果は不出来でも仕方がないと思った。

シャンゼリゼ近くに注文靴を作る有名な店があった。パリ到着後間もないある日、二人の女友達に伴われてその店に入った。愛想よく迎えた女店主がわたしの足を見て、厚化粧の顔を赤く膨らませた。

「そんな小さい靴作れませんよ。小さすぎてバランスが取れない！　格好ものですからね。子供の靴屋に行くか……。いっそ植民地へ帰るんですね」

噴然と言った彼女の態度にショックを受けた。

〈植民地？〉

フランスにも人種的、民族的偏見があるのかと驚いた。あるいは、単に足の小ささに対する嫌悪だったのか……。わたしと同い年のテレーズという威勢のよいパリっ子がわたしの腕を取り、ドアを開けながら言い放った。

「この店には来ないように言いふらすわ。汚いユダヤ人！」

強烈な憎しみの言葉にわたしは鳥肌が立った。店を出て初夏の陽炎《かげろう》に揺れながら、もう一人の友人ニコールがほほ笑んだ。

「ちなみに、わたしもイスラエル人なの」

「あらっ、何てことをわたしは言ったの。ごめんなさい」

二人の様子を見てわたしは混乱した。

〈ニコールはなぜユダヤ人と言わずにイスラエル人と言ったのか。そもそもユダヤって何?〉

その夜、夫や両親と知人も一緒の食卓で、わたしは自分の混乱を解いてもらおうと思った。

「ユダヤって人種のこと? それとも宗教のことなの?」

一同が愕然《がくぜん》としてわたしを見つめた。

「この広い世の中に「ユダヤとは何ぞや?」という人がまだいたなんて。それがぼくの妻だなんて」と夫が感極まった声を出した。義母がゆったりと笑った。

「日本の歴史がすっぽり入ってしまうほど長い間、ユダヤ人は世界中に離散して国がなかったの。ある事件がきっかけで祖国再建運動(シオニズム)が興り、建国を宣言したのがほんの十年ほど前のことなのよ」

その事件は世界史の授業で学び、わたしもうっすらと知っているフランス国内を二分した十九世紀末の「ドレフュス事件」だと義母は続けた。ユダヤ人であるために軍の機密を漏洩《ろうえい》した犯人にされ、手足を鎖でつながれ悪魔島に流されたアルフレッド・ドレフュス大尉は優秀な人物だったが、陸軍で唯一のユダヤ人士官だった。日本でも、大佛次郎《おさらぎじろう》が『ドレフュス事件』(天人社、一九三〇)という本を書いているが、このときわたしはその本を読んでいなかった。

「ニコールはドレフュスの孫なのよ」

わたしは息を呑《の》んだ。そしてユダヤ人にも純粋と非純粋があり、そこには差別が生まれると知って驚いた。純粋であるためには両親がユダヤ人であること。片親が、特に母親が異教徒である場合には、純粋なユダヤ人ではないということだった。

「『ユダヤは地の塩』という言葉があるのよ」と義母は続けた。

「塩のぜんぜん入っていないスープは不味《まず》いでしょう? けれど塩を入れすぎたスープはもっと不味いわね。ユダヤ人とはスープの中の塩のようなものですよ」

パリへ着いてからまだ二カ月、何も知らない二十四歳のわたしは、義母の言葉を正しく理解しようと焦った。ユダヤについて知りたいと思った。

〈塩をちょっと入れると美味《おい》しくなるスープも、入れすぎると不味くなる……？　それって結局はユダヤに対する偏見と差別なんじゃない？〉

若かったわたしは猛然と勉強した。「地の塩」に関しては、『新約聖書』マタイ福音書に「腐敗を防ぐ塩のように人心の模範であれ」というイエスの教えを見つけた。

その後も『旧約聖書』を読み、もとは同じセム族であったのに、敵対関係となったイスラム教の『コーラン』までを読み漁《よあさ》った。特に犬養道子《いぬかいみちこ》さんの『旧約聖書物語』と『新約聖書物語』（新潮社、一九六九、一九七六）は面白かった。

聖書を読んだことで、絵画はすべて神さまの世界で、生身の人間が現れない謎《なぞ》も解けたように思った。ルーヴル美術館に行っても、ヨーロッパのどの美術館に行っても、『受胎告知』や、イエスを抱いた聖母マリアや、天女や天使が舞う世界は素晴らしいと思うだけで、意味もストーリーも分からなかった。聖書を勉強したことの副産物としては有難い収穫だった。

けれどわたしは、ルネッサンスの巨匠たちが描いた宗教画を中心とした世界よりも、十九世紀後半に興った印象派や、日本の浮世絵が巻き起こしたジャポニズムの絵のほうが好きである。神さまより人間のほうが面白い。幸か不幸か、わたしは宗教に思いを致すチャンスに巡り合わなかった。立派なお社《やしろ》の神々《こうごう》しい神さま、仏さまに手を合わせるよりも、赤いよだれ掛けをかけられた、道端の名もないお地蔵さまのほうに跪《ひざまず》きたくなる。

「宗教に関しては、現代日本人のおおらかな無頓着《むとんちゃく》さが私には好ましく思える」と一九九三年に上梓《じょうし》して、日本エッセイスト・クラブ賞をいただいた『ベラルーシの林檎《りんご》』に書いた。

「赤いおべべに簪《かんざし》さして、行きましょ神前、七五三。お宮参りに来たところ。結婚式はなんとなく、白いドレスがよく似合い、パイプオルガン鳴り響く、トレンディな教会で。あっと言う間の人生の、終着駅はお寺さま。木魚叩《たた》いて読経の、粛々《しゅくしゅく》美声の坊さまの法衣《ころも》の袖《そで》の札束は、三途《さんず》の川旅日和よく、彼岸で悟りにつけるよう、家族最後のこころざし。なんて毒のない素敵な雑駁《ざっぱく》さだろう」

これを書いたときから三十年近くが経《た》った今も、わたしは宗教というものに馴《な》染《じ》めない。無知蒙昧《むちもうまい》を晒《さら》して言えば、人間を救うはずの宗教がもとで生まれる差別や偏見、血なまぐさい争いはどういうものか！　それは宗教のせいではなく、愚かな人間の性《さが》ゆえとは分かっていても……。

とはいえ、東海の孤島、我がうるわしの大和《やまと》の国から、突如舞い降りたヨーロッパは、多宗教混ざり合う人々とどう付き合えるかの覚悟が要る、と当時、肝に銘じたものだった。

世界的な音楽家夫妻

敬虔《けいけん》なカトリック信者であったピアニストの義父マルセル・シァンピに対して、義母イヴォンヌ・アストリュックは宗教に拘《こだわ》らない人なのかとわたしは思った。他文化や他民族に寛容で、自由を愛し、自らの信念を貫く豪快な人だった。

ある日、クリスチャン・ディオール本店にお供した。七十歳をゆうに超えているはずの義母は、真っ赤でド派手な帽子を買った。階段を降りる彼女に手を差し伸べたわたしに笑顔を見せ、まるでハリウッドスターのように手摺《てすり》にもつかまらずに降りて足を踏み滑らし、ステーンと階段下まで転がり落ちた。ステーンというより、べちゃッというほどみっともなく、ディオール本店の床にへばりついた。〈そーれ見たことか〉とは思うだけで、顔に出さず慌てて駆け寄ったわたしを、にっこり笑って拒んだ。吃驚《びっくり》して見守る店内の人たちに、義母は婉然《えんぜん》というほどの笑顔を作り、すっくと立ち上がった。顎《あご》を少し上げて真《ま》っ直《す》ぐ大鏡に向かい、何事もなかったかのように大きな帽子をひょんと被《かぶ》り直した。

ここで書き落としてきたことを思い出さずにはいられない。新婚旅行初日に、リヨン市で盲腸を手術したわたしの回復を待って旅を続け、わたしをねぎらってくれるつもりか、夫がモンテカルロのカジノへ連れて行ってくれた。カジノでは平服は禁じられている。男はタキシード、女性はローブ・デコルテ(胸を露わにしたロングドレス)で、身分証明書かパスポート提示が義務づけられている。そんなドレスを持っていないわたしは、派手な振袖《ふりそで》を着てひときわ人目を引いた。

義母のイヴォンヌ・アストリュック(ヴァイオリニスト)と義父のマルセル・シアンピ(ピアニスト)

『忘れえぬ慕情』が大ヒットをしているときで、座ったルーレットのテーブルは黒山の人だかりだった。その人たちに煽《あお》られるように、わたしは次々と勝って、数十万フランにのぼるチップが積み上げられた。

わたしは賭《か》け事《ごと》には全然興味がない。勝っても負けても熱くも蒼《あお》くもならなかった。そのわたしが勝ち続けた。見物人からわあーっと大歓声があがったとき、「さあ、さあ、お賭けください。ルーレットが回りますよ!」と煽っていたかなり高齢の、カッコいいディーラーが、夫を見て言った。「母上マダム・アストリュックの再来ですね」と興奮した面持ちの声をあげ、またわたしの前にチップを積み上げた。〈彼が細工をして、雰囲気づくりにわたしを勝たせているんではないの？〉とわたしは疑った。

ともあれ、義母はモンテカルロのカジノでは超有名なスターであるらしい。あるとき、朝の三時過ぎまで勝ち続け、換金したお金はとうてい小さなパーティー用のバッグには納まらず、ボーイさんたちにチップを大盤振る舞いしたのち、義母はくるりとロングドレスの裾《すそ》をまくり上げ、お金をざあっと流し込んで、そのまま深夜の坂を歩いてホテルへ帰った。わたしたちも泊まったそのホテルは、地中海を見渡せる丘の上にある、モンテカルロ超一流のホテルである。そこまではいい。ありうることかも知れない。

朝方のホテルの玄関扉は鍵《かぎ》がかかり警備員が見当たらなかった。義母はお金の入ったドレスのままその辺にあった大きな石を抱え、どんッとガラス扉を打ち破り鍵を開けた。そして颯爽《さっそう》と部屋に戻ると、気持ちよくベッドに倒れこんで、楽しい夢路をさまよっていた。

翌朝、物々しい騒ぎに起こされた。警察が入ってホテルは大騒ぎになっていた。

玄関をほんの少し離れていた警備員は扉を割って泥棒が入ったと思い込み、警察を呼んで調べたが、何も盗《と》られていないと騒いでいたのだった。

「何も盗まれているはずないわ。ドアのガラスを割って鍵を開けたのはわたしよ」と義母は臆面《おくめん》もなく言ったそうだ。人騒がせな迷惑を謝りもせず、かえって、ホテル側に説教をした。

「モナコ随一のホテルが、深夜を過ぎても帰ってこない客がいるのに、玄関が無人とは許せない」

ちょっと話が大袈裟《おおげさ》で眉唾《まゆつば》モノなんじゃない？　と思ったが、それは語り継がれた実話であるらしい。

夫のイヴが「母は飛びぬけて個性的な人なんだよ」と話してくれた。世界的なヴァイオリニストだった義母はコンサートでお金が入ると、まず、カジノに入り浸る。お得意はルーレットではなく、「バカラ」だったとか。バカラとはトランプを使ったカードの遊びらしい。いつも勝っていたわけではなく、あるときは、莫大《ばくだい》な損をして、結婚記念に義父から贈られた、胸まで下がる長い翡翠《ひすい》のネックレスを質《しち》に入れたことがあった。

「お義父《とう》さまは怒ったでしょうね」

「父は死ぬまで気が付かないだろう。母はまたバカラで勝って、すぐに質屋から取りもどして知らん顔をしていた。もし知っていたら怒っただろうね。父は博打《ばくち》が大嫌いな性分だから」

義父母は面白いカップルだった。「芸術は缶詰め(レコード)にするものではない」という持論を持っていて、二人一緒にレコーディングしたのは、グリーグの『ヴァイオリンとピアノのためのソナタ』のたった一枚だけだった。義父は晩年、パリのコンセルヴァトワール教師として数々の優れたピアニストを世に送り出した。かつて、かのユーディ・メニューインとその妹たちにピアノを教えたこともあった。

クラシックもモダンも音楽というものに全く知識のないわたしが、由緒ある音楽一家、シァンピ家に嫁いだことは、彼らにとっては不幸であったかも知れない。ただし、彼らの一人息子、つまりわたしの夫であるイヴ・シァンピでさえ、子供のときからピアノとヴァイオリン、家にあった音楽室でのコンサートに食傷して、クラシックにはそっぽを向いていた。わたしと結婚したころは、ピアノに向かうと踊りだしたくなるようなジャズを弾き、トランペットを吹くのが好きだった。

イヴ・シァンピ邸にて

わたしは音楽が嫌いなのではなく、音のない世界が好きなのだ。真剣な問題を考えているとき、ものを書いているとき、音楽はわたしの思考をはたと止めてしまう。聴き入ってしまうのだ。わたしは徹底的に「ながら族」にはなれない不便な人間なのだ。

ある日、義父母の音楽室で、義父が一人の有望視されているパリ・コンセルヴァトワールの教え子にレッスンをしているのを見た。立ち会ったと言ったほうが正しいかも知れない。冷やかし半分でちょっと覗《のぞ》き見したかったわたしは、二時間という長時間、見動きさえできず、レッスンが終わったときには、頬《ほお》を流れる滂沱《ぼうだ》の涙を拭《ぬぐ》うことさえ忘れていた。それほど、師とその教え子の魂のぶつかり合いは激しかった。

「フォルテからピアニッシモに移行するのができてない！」

と言ってピアノに向かった義父が奏でる調べのなんと力強く、時にかそけく、わたしの胸を抉《えぐ》ったことか。彼は八十九歳で旅立つまで、ロンドンのトリニティ・ラバン・コンセルヴァトワール大学で、世界的なピアニストを育成することに心魂を傾けた。

義父とは正反対の義母は、わたしがいくらせがんでも、観客が涙したというヴァイオリンの調べを聴かせてくれなかった。「年を取ってしまったのよ。軽いけれどリウマチに冒された手ではヴァイオリンは弾けない」。そのうえ、弟子も一切取らなかった。

「わたしは天才なのよ。雑魚《ざこ》に教えるのはいや」

そんな彼女にわたしは魅せられた。そして義母には少しばかり、「地の塩」と謳《うた》われるユダヤの血が入っているのではないかと思った。

25 復帰、そしてゾルゲ事件

日本で海外旅行が解禁されたのは、東京オリンピックのあった一九六四年のことである。結婚以来の七年間、一人娘のわたしを手放した両親に親孝行をするため、夫は年に一、二回飛行機の往復チケットをプレゼントしてくれた。

初めての里帰りは結婚後一年と少し経《た》った一九五八年の晩夏だったと記憶する。飛行機のタラップを降りるわたしは、黒山の報道陣と、『風花』という脚本を持って迎えてくれた木下恵介監督の姿に心底驚いた。

決別したはずの女優なのに、日本映画界はわたしを忘れずにいてくれた。しかも「会社が売り出したメロドラマ女優」だとわたしを嫌って『女の園』(一九五四)に配役するのを最初は拒んだという木下監督が、「小林が言った通り、あなたはぼくが思っていた女優とはまったく違って素晴らしい人だった」と言ってくれた。小林正樹監督は長いこと木下監督のチーフ助監督をしていたのだった。熱心に勧めてくださる木下監督のお誘いは嬉《うれ》しかったが、わたしは『雪国』で女優とは決別したはずである。迷いは深かった。

けれど、日仏間の文化的狭間《はざま》で、眠れない夜に、ぼーっと浮かんでは消えた、撮影機の真ん中で黒く光っていたレンズ。わたしにはあの魔物を拒む理由はない、と決断した。こうしてわたしは図らずも、映画界に復帰したのだった。

『風花』(一九五九)では、「にんじんくらぶ」の久我《くが》さん、有馬さんが女学生役で、わたしは彼女たちの母親の年代の、豪農の下女役だった。ざわめく心に決着をつけたわたしは、初めての老け役で、恋しいレンズの前に立った。

撮影はのどかな善光寺平で行われた。ところがロケはしばしば悪天候に見舞われ、待ち時間がかなりあった。その間、わたしは持参した駐日ドイツ大使館付き武官の書いた本を読みふけり、ゾルゲ事件に興味を持った。

日本的な因習の中に生きる女性を演じながら、このころのわたしはやはり女優ひと筋に徹することが出来ず、世界情勢の悲喜こもごもの事件に心が馳《は》せてしまうのだった。太平洋戦争前に、日本を舞台に活躍したソ連のスパイ事件に夢中になった。

二十世紀最大とされるこのスパイ事件の首謀者リヒャルト・ゾルゲは、ファシズムと戦い、自分なりの思想と手法で世界を良くしようと夢想した革命児だったのではないか、とわたしは思った。浅学菲才《せんがくひさい》なわたしが事件の是非を判断するつもりはない。だが「軍より確かな知識と複雑な国際情勢を分析できた人は、彼を措《お》いて他にはいない」と司馬遼太郎さんも語った。わたしはゾルゲの資料をむさぼり読み、人間ゾルゲに魅力を感じ、映画の企画を立てた。日本で活躍したゾルゲ事件を映画化するには日仏合作にしなければ成立しなかった。

わたしの情熱に動かされた夫イヴ・シァンピも彼独特の手法で、事件を克明に調査し、ゾルゲを敬愛したという、当時の駐日ドイツ大使、オイゲン・オットーをベルリンの私邸に訪ね、さまざまな資料を読んで、『ゾルゲ氏よ、あなたは誰?』のシナリオを書いた。

ゾルゲはドイツ人を父親に、ロシア人を母親に持って生まれ、日本には、ドイツの有力紙『フランクフルター・ツァイトゥング』の特派員としてやってきた。ラムゼイ情報機関を組織した秀逸な頭脳と、人間的魅力に惹《ひ》き込まれた人は大勢いた。その中に近衛文麿《このえふみまろ》公のブレーンだった尾崎秀実《おざきほつみ》もいて、ゾルゲの右腕となって活躍した。わたしは未亡人の尾崎英子さんにも会いに行った。

フルシチョフに招かれてソ連を訪れる．
モスクワの赤の広場にて（1961 年）

　猜疑《さいぎ》心《しん》の強かったスターリンは、ドイツの対ソ侵攻「バルバロッサ作戦」に関するゾルゲの正確な情報を当初無視した。その後、「日本はソ連攻撃をせずに南進する」と見抜いたゾルゲの歴史的な極秘情報は、窮地に立っていたソ連に多大な利益をもたらした。にもかかわらずスターリンはゾルゲを裏切った。真珠湾攻撃を事前に通報していたゾルゲを二重スパイではないか、と思うほど猜疑心に支配された独裁者の無情だった。一九四一年に特高に逮捕されていたゾルゲと、シベリアの獄中にいた四人の日本武官とを交換するという日本側の提案をスターリンは無視した。ゾルゲは一九四四年十一月七日のロシア革命記念日に、尾崎秀実とともに、東京で絞首刑に果てた。息絶えるまで二十四分もかかったというゾルゲの無念をわたしは思った。

『ゾルゲ氏よ、あなたは誰?』が日本で封切られたのは一九六一年六月だった。共同制作をした松竹は共産主義を是《ぜ》としたゾルゲを描くのに、思想的に全く正反対の脚本家を立て、邦題を『スパイ・ゾルゲ 真珠湾前夜』として、最後をメロドラマ仕立てにすり替えてしまった。松竹という会社の体質を考えれば無理のないこととは思ったが、日本版の試写を築地の本社試写室で観《み》たわたしは、慚愧《ざんき》にたえぬ思いで胸が塞《ふさ》がった。

この映画は欧州で大反響が起こり、モスクワ国際映画祭の出品作になった。出品作のすべてには、モスクワの土を踏む前に税関検閲がある。試写が終わったあと、すっくと立ち上がった一人の政府高官が大声で叫んだ。

「我が国にゾルゲという人物は存在しない。我がソヴィエト連邦にスパイはいなかった」

わたしたちのゾルゲは、空港試写の末、モスクワの土も踏まずに突き返されてしまった。ところがときはすでにスターリンの時代からフルシチョフ書記長の時代に変わっていた。返品された『ゾルゲ』を観たフランス駐在のソ連大使が、作品を直接クレムリンに送ってくれた。

「こんな素晴らしい映画を棄却したとは」と、フルシチョフが感動してくれた。『ゾルゲ氏よ、あなたは誰？』は、ソ連邦全域で上映され、モスクワにある二十一館もの映画館で、闇切符《やみきっぷ》が出まわるほど大ヒットした。

ゾルゲの故郷アゼルバイジャンの首都バクーには、ゾルゲの記念公園や記念碑が建てられ、「ゾルゲ通り」もでき、記念切手まで発行された。モスクワに招待されたゾルゲを演じたベルリンのシラー劇場の立役者、トーマス・ホルツマンは群衆に囲まれて大騒ぎとなった。ホルツマンはいい顔をしていた。頰《ほお》にある縦《たて》皺《じわ》までゾルゲにそっくりだった。

夫イヴ・シァンピとわたしは、フルシチョフに招待され、彼の専用機で広大な国土のあちこちを見聞し、赤の広場に聳《そび》えるクレムリン宮殿でおもてなしを受けた。夫がフルシチョフと懇談している間、夫人たちにウオッカを勧められたわたしは、記念としてクレムリン宮殿の紋章入りのウオッカのグラスをいただいた。だが、感激と嬉《うれ》しさのあまり、帰りの飛行機で周りの人々に自慢して見せびらかし、何たること、うっかり機内に忘れてきてしまった。生来のドジが顔を出してしまったのだった。残念！

26　市川監督との出会い

『スパイ・ゾルゲ　真珠湾前夜』のロケ撮影で泊まっていた京都のホテルの部屋がノックされ、ドアの向こうに立っていたのは、煙草《たばこ》を咥《くわ》えた有名な監督だった。前触れもない訪れにわたしは慌てた。

「はじめてですね。市川崑《いちかわこん》です」

手に一冊の脚本を持っていた。

「五所平之助《ごしょへいのすけ》監督の『たけくらべ』のあなたは素晴らしかった。花魁《おいらん》になりきっていた。是非一度仕事をしたいと思っていました」

監督が差し出したのは、水木洋子脚色による映画『おとうと』(一九六〇)の脚本だった。

「このげん、いという姉娘を演じられるのはあなたしかいない」

こうして市川崑監督と女優としてのわたしとの長くて心に沁《し》みる道行《みちゆき》が始まった。

初めのうちはちぐはぐで、うまくいかなかった。撮影中「ちょっと表に出ようか」と言われてセットを出た。

「あんたのげんは違うんだ」監督の瞳《ひとみ》に困惑があった。

「このげんという娘は野暮ったくて色気もなければ、頭もよくない。センスなんてものは欠片《かけら》もない。ただひたすら弟のためを思っている姉なんだ。弟思いはよく出ている。でもあんたのげんは艶《あで》やかで姿が良すぎる」

わたしは途方に暮れた。ステージ裏の草原で木の切り株に腰を掛けた市川監督は、困り果てていた。

「どうしたらいいんでしょう。げんを演じるのはわたししかいない、とおっしゃいました」

「あんたしかいないんだよ。ぼくには見えているげんが、惠子ちゃんにはまだ見えていないんだ」

わたしに見えていないげん……どうすればいいのか、ほとんど絶望的になった。

「まず、骨と皮しかないほど痩《や》せてくれないか」

「わたし、ほぼその状態だと思いますけれど……」

市川崑監督がパリのシァンピ邸を訪れる

監督の眼が急に宙に浮いて何かを思いついたようだった。
「たとえば……いつも口をぽかんと開けていてみようか」
「えっ？」
この一言でわたしの中の何かが撓《しな》った。しまりなく口をポカンと開けている状態で市川監督が描きたいげんの息吹が、わたしの息吹と重なった。身体《からだ》の隅々にげんの所作がにじみ出てきた。野暮ったい着付けも、弟を理解するための鈍で、いたいけなほど健気《けなげ》なげんも！

今、臆面《おくめん》もなく言いたい。監督のたった一言で、わたしが演じたげんは完璧《かんぺき》なものになった、と。『おとうと』は、その年の映画賞のほとんどをかっ攫《さら》った！

ところが世間というものは面白い。少し前からマスメディアは奇想天外なことを書き始めていた。パリで金に困って日本に出稼ぎに来た、と。

「まじかよッ！　箒《ほうき》で掃き寄せるほどのギャラを積まれても、今、我が日《ひ》の本《もと》の国はビンボウで外国への送金などもってのほか、円では飛行機のチケットも買えないんだよ。ジャーナリストの分際でそんなことも知らないのかよッ！　意地悪したいならもっと実のあることを考えろよッ！」

わたしはお風呂場《ふろば》で大きな声で啖呵《たんか》を切った。わたしは嬉《うれ》しいことも、厭《いや》なこともそれを台詞《せりふ》仕立てにして、お風呂につかりながら独り言をいう癖があるのだ。

こんなこともあった。結婚後すぐ「我らがスターが、振袖姿《ふりそですがた》で街頭に立ち、ジャガイモの皮むき器の宣伝をして稼いでいる」と哀れをうたったその嘘八百《うそはっぴゃく》は、大出版社の週刊誌も半ページを割いて掲載した。しかもこの滑稽譚《こっけいたん》は写真付きである。振袖を着たわたしが、両手に「ジャガイモの皮むき器」を持ってにっこりと満面の笑みを浮かべて、カメラ目線で立っている。発明コンクールで優勝したジャガイモの皮むき器の作者に、わたしが舞台でトロフィーを渡したのだった。

フランスでは毎年発明コンクールがあった。優勝作者には、その年にヒットした映画の主演女優がトロフィーを渡す習わしだった。ある年の優勝作は舞台いっぱいに広がる工作機だった。あでやかなドレスで舞台に上がったのは、『田園交響楽』(一九五〇)の素敵なミシェル・モルガンだった。カメラマンたちは工作機とモルガンを一緒に収めるために、客席の中央から撮った。ジャガイモの皮むき器は手に収まってしまうほど小さいので、報道陣は舞台の上に殺到した。こうしてわたしは、左を向いたり右を向いたり、言われるままにこぼれるほどの笑みを浮かべて、ジャガイモの皮むき器を持った全身写真を撮られたのだった。

夫はこのひどいページを見て「日本のマスコミ・ジョークは突飛で面白いね」と笑った。「ジョークじゃない!」と言えば我が祖国の恥になる。わたしは愛する我が同胞が、実情を知ってか否か、他人を褒《ほ》めるときも貶《けな》すときも、難なく駆使する、こうした侘《わび》しくもみっともない特性が残念に思えた。

27 「にんじんくらぶ」の終焉《しゅうえん》

一九六三年五月、結婚六年目に待望の娘が授かり、夫とわたしは幸せの絶頂にいた。娘が可愛《かわい》い盛りに「にんじんくらぶ」製作の『怪談』(一九六四)が企画され、わたしは四話からなるオムニバスの第二話「雪女」に出演することを所望された。

離れがたい娘や夫と別れての長期撮影は辛《つら》かった。けれども「にんじんくらぶ」は映画界の常識を破り、囂々《ごうごう》たる非難をものともせず、わたしが久我美子《くがよしこ》、有馬稲子とともに創《つく》った日本で初めての女優三人の独立プロダクションである。

『怪談』は、小林正樹監督の希《のぞ》むがまま贅《ぜい》を尽くした撮影になった。「雪女」の撮影は長さ二百五十メートルもある広大な飛行機の格納庫に、京都中のペンキ屋さんを総動員して空を塗り描き、すすき野原を作った。雪女の化粧と扮装《ふんそう》には二時間以上もかかった。朝九時の撮影開始のため、暗いうちに化粧室に入った。まず強力な絆創膏《ばんそうこう》で目尻《めじり》を吊《つ》り上げる。痛い。次は、妖怪《ようかい》の顔に人肌を感じさせないため、真っ青でどろりとした塗料を塗る。それが乾くのを待って歌舞伎役者《かぶきやくしゃ》のように、真っ白な白粉《おしろい》を刷毛《はけ》を使ってくまなく塗る。顔、首、手足。白い衣装から出ている場所は全部、青と白の分厚い塗料で皮膚呼吸ができなくなる。ある日、夜明け前から始めた扮装が終わったとき、その日の撮影が中止になり、がっくりした。

夕景の空にもう少しあかね色を加えたいという監督の要望で、またまた京都中のペンキ屋さんが総動員され塗り替えられた。その間三日間、撮影は中止になった。その甲斐《かい》あってあかね色に暮れなずむ空に浮かぶ雲が図画化され、ふっくらと分厚い唇になり、妙なエロティシズムを漂わせていた。雪女を模した吊り上がった険しい眼は、不気味な雰囲気も出していた。小林監督は大学では東洋美術専攻なのだ。彼が描いた幻想的な太陽は素晴らしかった。『怪談』はカンヌ国際映画祭の出品作となった。

『怪談』で雪女を演じる(1965年). © TOHO CO., LTD.

映画祭の上映前夜、慣例により評論家試写がある。そこで「雪女」に描かれた太陽がダリの太陽に似ていると批判され、小林監督は、わたしが演じる「雪女」をカットしてしまった！　夫やその友人たちに囲まれてカンヌ映画祭に出席したわたしは、ひどい失望と屈辱感で打ちのめされた。

しかし、『怪談』は審査員特別賞をとり、世界各国で上映され嬉《うれ》しい反響をひろげた。東宝は多大の収益を得たにちがいない。が、若槻繁《わかつきしげる》さんは、東宝と製作費を一億円で契約してしまっていた。彼は優れた芸術家だったが、有能な経営者ではなかった。超過した製作費三億円が「にんじんくらぶ」の負債となった。そのころの「にんじんくらぶ」は大作映画を次々に世に送り出し、俳優陣も二十一名に増えて、豪勢な繁栄をしていた。しかし今から五十七年前の三億円は途轍《とてつ》もなく大きい。所属俳優が一人抜け二人抜け、肝心の有馬さんや久我さんまでが抜けてしまった。二人とも『怪談』には出演していなかったので仕方のないことだったかも知れない。わたしは『怪談』の出演料はもちろん、若槻プロデューサーが仕掛けたコマーシャルにも出て、すべてのギャラをびた一文も受け取らず、焼け石に水だと分かっても、製作費と借財の返済に回した。くだらない美談と嗤《わら》うなかれ！　わたしは自分なりの責任を果たしたかったのだ。「にんじんくらぶ」製作の作品にはすべてノーギャラで出演した。その意気込みに水を差されたのは、ある一流新聞に「岸惠子に貸した五百万円〔現在の価値で言えば、四倍以上になるだろう〕」という囲み記事を読んだときである。

衝撃的なこの事件は、わたしが色紙ではなく、そのころ流行《はや》った半紙の片隅にサインしたものの余白に、借用証書を書き込んだ詐欺まがいの偽造だった。五百万円はわたしへの貸出し金として、若槻さんに渡っていたのだった。ひどいショックを受けた。でも、こんなことまでした若槻さんは辛かったろうと思った。そして「にんじんくらぶ」の窮状に知らん顔できなかったわたしは、『鶴八鶴次郎』(一九七三)という前後篇のTVドラマにまたも無料出演した。共演者のほとんどが「劇団民藝《げきだんみんげい》」の方たちだった。後日、飛行機の中で大好きな奈良岡朋子さんに会った。そのとき、共演した「民藝」の俳優さんたちのギャラが半分しか支払われていない、と聞かされ愕然《がくぜん》とした。

「恵子さん、あなたは責任を取っているつもりでも、わたしたちは関係ないのよ。あなたを信用してみんな出演したのよ」

わたしは「責任感」という個人的な私情を切なく反省した。わたしにとってこれが「にんじんくらぶ」の終焉であった。

月日が経《た》ち、アメリカ映画、シドニー・ポラック演出の『ザ・ヤクザ』(一九七四)に出演中のわたしを、若槻さんが京都のホテルに訪ねてきた。

「恵子ちゃん、初心に返って作家になってほしい」

わたしの名前が明記された新しい会社のパンフレットには、わたしが書くとされる連載の作品名までが記されていた。わたしがどんな表情で首を横に振ったのか憶《おぼ》えていない。がっくりと肩を落として立ち去る姿が、わたしが見た若槻さんの最後だった。その寂しい後ろ姿が今も胸に痛い。

彼から贈られた名前入りの原稿用紙を使って、初めてのエッセイ集『巴里《パリ》の空はあかね雲』(新潮社、一九八三)を手書きで執筆したが、若槻さんにお渡しすることはできなかった。『わりなき恋』(幻冬舎、二〇一三)も、その原稿用紙を使って執筆した。

第Ⅳ部　離婚、そして国際ジャーナリストとして

［扉写真］

NHK・BSのキャスターになったわたしは，よく凱旋門《がいせんもん》，エッフェル塔，家から近いノートルダム大聖堂の見えるところで撮影した．番組冒頭のわたしのコメントもパリの街中で撮った．

28 離婚

「親孝行をしていらっしゃい」と飛行機のチケットをプレゼントして、飛行場まで見送ってくれた夫は「早く帰って来て！」とほほ笑みながらも寂しさを隠さなかった。その夫に感謝しながらも、日本へアメリカへと、わたしの不在はいつも長引いた。

そうしたわたしの不在が重なったころ、頭もいいしやさしいし、わたしより華奢《きゃしゃ》で、離婚歴があり、「二人の子供の親権さえ奪われてしまった」とめそめそと泣きながらわたしに訴える女性が、夫の事務所に頻繁に出入りするようになった。わたしは心を開いて彼女を迎えていた。

パリから南へ百二十キロメートルほどの別荘で、夫は『火星人』という短篇科学映画を撮っていた。十数人のスタッフが別荘に泊まり込んだ。夫に頼んで、そこにはパリの料理人など家事熟練者を連れて行かず、わたしがすべてを取り仕切ることにした。パリでは役立たずの主婦のうっぷんを晴らして、田舎の家では、農家の女将《おかみ》さんたちに手伝ってはもらったが、主食はわたしがひとりで作った。朝早く起きるとシャルル・バネル(『恐怖の報酬』などの名脇役)がトーストを焼いてくれたりしていた。わたしは幸せだった。身が持たないほどの仕事があるとわたしは生き生きとする。何もすることがない状態はわたしを腑《ふ》抜《ぬ》けのように虚《むな》しくする。

そこにもよくCというその女性が現れた。彼女が夫と特別な関係になるなんて考えもしなかった。夫は、結婚前のガールフレンドたちを隠さずに紹介してくれていた。みんな知性が煌《きら》めく明るくてしなやかな強さをもった魅力的な人だった。問題の女性の頭の良さには窺《うかが》い知れないいびつなものがあった。

それを見抜いたのは当時十歳の娘だった。田舎の家にまで入り込む彼女に我慢が出来ず、撮影が終わってスタッフも夫もパリへ引き上げた日の夕暮れ、娘は忽然《こつぜん》と姿を消したのだった。村中が騒然とした。夫はこのあたりになくてはならない人物だった。無医村であるこの一帯に病人が出るとパリから駆けつけ、もちろん無報酬で治療をした。一度などは、機械に挟まれて肩を砕いてしまった農夫を、パリの医師仲間に頼んで、手術を成功させた。夫は村中から慕われ愛されていたのだった。その大事な一人娘が突然姿を消したというニュースはただならない事件として、村人が狂ったように娘を捜してくれた。わたしの顔にはひと刷毛《はけ》の生気もなかったという。麦畑の脇《わき》の道に娘の自転車が乗り捨てられていたので、通りかかった車に攫《さら》われたのではないかという怖れに怯《おび》えきっていた。

親しい隣家，豪農の畑をトラクターに乗って整備の手伝いをした

月が昇り、夜がかなり更けたころ、隣家の広大な麦畑の中で打ちしおれて泣いている娘を、その家の主婦が見つけてくれた。親しかったその主婦から娘の傷心の理由を聞き、あまりのショックに身体《からだ》が凍《こご》え、しがみつく娘を抱きとりながら、パリから飛んできた夫の懇願にもかかわらず、わたしは我武者羅《がむしゃら》に離婚を決意した。

途轍《とてつ》もないことが起きるとわたしの思考は止まってしまう。途轍もなさの内容を考える前にせっかちに結論を出し、それに向けて邁進《まいしん》してしまう。じっくりと考える、という技をわたしは持っていないのだ。

わたしたちは田舎の家の池のほとり、菩提樹《ぼだいじゅ》の葉群れの陰に白い籐椅子《とういす》を並べて深々と身を沈め、話したり黙り込んだりした。長い沈黙のあと夫がぽつりと言った。

「ぼくは、君の日本にはとうてい……勝てないと思った」

空はばかばかしいほど青かった。とめどない哀《かな》しみがわたしの心に散らばっていった。

その日、八月十一日、わたしの四十一歳の誕生日だった。

29　学生街の新居

カトリック教徒が多いフランスでの離婚は長びく。離婚成立の前に「別居」という制度があり、わたしはそれを取り入れた。

祖国を出奔し、未知の町パリへ着いた日から、満十八年経《た》った一九七五年五月一日、すずらん祭りの日差しが凱旋門《がいせんもん》を紅《くれない》に染めたとき、我が家と思って住んだ夫の家を去った。娘と彼女の愛犬ユリシーズと母に贈られた三面鏡を載せたわたしの車のバックミラーに、滂沱《ぼうだ》と涙を流す夫の姿が揺れながら遠のいていった。

「パパ……」と娘が呟《つぶや》いた。

凱旋門に近いセーヌ右岸にあった高級住宅街から、娘の仲良しナタリーが住んでいた左岸の学生街に決めた引っ越し先は、まだ建築中でガスも引けてなかった。

五月一日はメーデー、開いている店は花屋と酒屋と菓子屋だけ。車に積めるだけ積んだ本を重ねてテーブルを作り、「寿」と染め抜かれた赤いちりめんの風呂敷《ふろしき》を掛けた。それはわたしが横浜の実家からフランスへ嫁入ったとき、母が近所に配った引き出物の一つだった。

職人さんが忘れたらしいトンカチが転がっていた。わたしはそのトンカチで即席テーブルを叩《たた》きながら、調子っぱずれな声で『よさこい節』を歌った。狂ったようなわたしの哀《かな》しみを感じたのか、ナタリーと娘が、お菓子とシャンパンを買ってきて乾杯をしてくれた。

「ママンの新しい人生のために」

紙コップに注いだシャンパンをちらッと舐《な》めて顔をしかめた二人の少女に、わたしもシャンパンを掲げた。

「十八年前の今日、わたしは日本という祖国から独立したの。今日はかけがえのない夫からの独立なの」

わたしはポロポロと涙を流してキラキラと笑った。娘が背中に隠していたらしいすずらんの花束を、濡《ぬ》れた瞳《ひとみ》で、わたしに放り投げるようにくれた。そこには娘の万感籠《こ》もる思いがあったのだろう。翌日、夫が当座必要なものを運んでくれた。その中に義母がデザインした二十四人分の素晴らしい銀食器類があった。

デルフィーヌ(9歳のころ)

「これは母がぼくとケイコの結婚を祝って贈ってくれたもの、他の誰にも使われたくない」

それが聞こえたらしい娘がつと立って、ドアの外へ消えた。幼い娘がどれほど傷ついたことか、今、人生の最晩年を生きるわたしが後悔しても詮《せん》ないこと。

「生活費や、教育費を払うのは、父親としての義務であるばかりか権利でもある」

と言ってくれる夫の誠意もかたくなに断り、わたしは仕事に打ち込む生活を選んだ。あのころのわたしの一途《いちず》さには異常なものがあった。

今にして思う。わたしと夫を離婚に追い込むために相手の女性が弄《ろう》したあの手この手は、決して美しいとは言えなかったが、それはわたし側のモラルである。彼女は由々しき家柄に生まれた生粋のユダヤ人である。

「イヴを一目見たときから、この人こそ夫にすべき人」とはばかりなく言い、妻子ある相手に万難を排して近づき、思いを実らせた行為こそ、あっぱれな生き方であったかも知れない。そうした狂気にも似た一途なエネルギーに煽《あお》りたてられて離婚した夫やわたしのほうにも、そうなるべき要因はあったのだ。わたしの頻繁で、長期にわたった不在。寛《ひろ》やかな心と愛情をもってしても、夫としての彼が陥った深い孤独感。

かたや、日本人の得意とする「潔さ」とか「美意識」とか、役にも立たない無用の長物を引っさげて、さっさと身を引いたわたしのほうが、苦労なしの腰砕けだったのかも知れない。

朧月夜《おぼろづきよ》の麦畑で泣き濡れていた十歳の娘を抱きとったとき、なぜ唐突な離婚を思い立ったのか。わたしにもわたしなりにうっすらと結婚生活というものへの疑念があったのは、正直な状況ではなかったのか……。自分を殺していくつかの大作映画を断ってきた無念さが鬱積《うっせき》していた。『雪国』の撮影中にデヴィッド・リーン監督が、世界的ヒットとなった『戦場にかける橋』(一九五七)にわたしの役を書いてくれた。相手役だったウィリアム・ホールデンさんがわざわざ日本まで勧誘に来てくれたのに、わたしはすでに『雪国』で「映画」という卵を割っていたのだった。リーン監督は無念がったが、わたしのための「役」を削除した。そして、心ならずも断った役をジュリエット・グレコが演じた映画『マレフィス』(孤島モン・サン・ミッシェルにまつわった悲劇)。その他数々のフランス映画やイギリス映画。出演できなかったそれらの作品への慚愧《ざんき》の思いが、わたしを暴挙に走らせたのかも知れない。わたしは長年愛《いと》おしんだ「結婚生活」という卵も割ってしまった。

当時の日本の法律は、わたしが母親であるため娘に日本国籍をくれなかった。父親なら国籍をくれるという途方もない理不尽な決め事の、わたしたち母娘《おやこ》は犠牲となった。すでに夫を亡くし横浜に独り住む母のもとへ帰りたかったが、「わたしのヒーローはパパ」と父イヴ・シァンピを慕う娘を、国籍もくれない日本の小学校に無理やり転校させることは出来なかった。わたしは娘が結婚するまでパリで暮らすことを決意した。十二歳に満たない娘を抱え、海に囲まれた東海の島国で育った、わたしという国際的な試練に揉《も》まれずに生きてきた苦労知らずの日本の女が、独りパリという都で生きるのは、当時の時代風景を思うと、至難の業《わざ》と言っても言い過ぎではなかった。その後、法律は改正されたが、時遅し、娘は完璧《かんぺき》なフランス人になっていた。

30　サン・ルカス岬の想い出

パリに住むことになったわたしは、娘に学校のヴァカンスが訪れると、彼女の行きたいという国へ、それがどこであれ行ってみた。我武者羅《がむしゃら》に離婚を決意したわたしの、娘へのせめてもの償いだった。

娘は第二外国語にスペイン語を選んでいたので、十四歳になった夏休みは、カリフォルニア半島の突端、スペイン語が公用語のメキシコのサン・ルカス岬に出かけた。焼けただれた巨大なサボテンと砂漠、紺碧《こんぺき》の荒海に、ときどきグーンと低空飛行で襲いかかってきそうなハゲタカ。海に突き出た岩々にのんびりと寝そべるアザラシやペリカンの群れ。

ちょっと危険を伴ったピトレスクで楽しかったこの旅の始まりに、わたしは母親としての権威を、惜しくも完全に失墜してしまった。この僻地《へきち》に行くには、まず、友人のいるメキシコ・シティに入り、そこからサン・ルカス岬までの国内線に乗ったのだった。かなり小さな飛行機にかけられたタラップを登り、席に着き、いざ離陸、というときに機内アナウンスがあった。

「少々、お待ちください。乗客の方のお忘れ物があるそうです」

「いやね。こんなところにもわたしみたいな人がいるんだ」

と笑ったわたしめがけて、息せき切ってタラップを駆け上がって、職員の青年がやってきた。

きょとんとしたわたしに、苦み走った皮肉な笑いを浮かべた青年は、ポン、ポン、ポンとちょっともったいぶった手つきで、三つの物体を渡しながら、こんな台詞《せりふ》をのたまわった。

「マダム！　あなたはこんなに大事なものをカウンターに忘れる習慣をお持ちですか」

「えっ？」

まるっきり自覚のないわたしの手に渡された最初のポンは、わたしと娘のパスポート、次なるポンは、二人の路銀のすべて。最後のポンは、二人の帰りの飛行機のチケットだった。あまりのことに、指先でちょんと敬礼して身を翻した恩人の青年にお礼を言うのも忘れてしまった。

「ママン！ よく今まで一人旅ができたのね。よく生きてこられたのね。ママンは自分がどれほど不注意でヘマな人間か、よ〜ッく認識するべきよ」

メキシコの国内線だったからパスポートを提示する必要はなかったので、うっかりカウンターに置いたままだったのか……。それにしても、財布や帰りの飛行機のチケットまでとは……。わたしは素直で正直な人間なので、娘の意見に逆らうつもりはなかった。忘れ物やなくし物をしなかったら、そしてそれを捜しまわる時間がはぶけたら、今までも、これからも、わたしの人生、八割方ましなものになったし、これからもなるにちがいない。

飛行機を降りた、サン・ルカス岬は別世界だった。飛行場の前にはタクシーが一台しかない。思わず駆け寄ったわたしをニコッと笑った娘が制して、窓から身を乗り出している運転手に、スペイン語でぴやらぴやらと交渉しだした。母親たるものかたなしで、あやふやな我がクイーンズ・イングリッシュを引っ込めることにした。

「ママンの予約したホテルは山の上なので、海岸線にあるホテルに替えたわ。ママンの好きなハイビスカスや熱帯の花が咲き乱れているんですって。ねえ、いいでしょう?」

未知なる世界に頰《ほお》を輝かせている娘を見て、わたしにもキラキラとした幸せが満ちた。

観光客は極端に少ない浜辺で、三メートルはありそうな荒波に怖気《おじけ》づき、海へ入れない子供もいたのに、娘は果敢に飛び込み、ときどき、大波のてっぺんからわたしに向けて手を振った。この子は、わたしよりも逞《たくま》しく人生を乗り切り、わたしよりも冒険好きな大人になってゆくのではないかと思った。わたしの予測はその後的中することになる。わたしたちはよく二人で乗馬を楽しんだ。

十五、六歳ごろから、娘はクラスの数人を家に集めて理数科の勉強会を週に一度ぐらい開き、さながらクラスのボスよろしく、賑《にぎ》やかにみんなに教えたりしていた。ハイティーンの思春期のこと、身体《からだ》にも、精神にも不安定な揺れがあることは、わたし自身が経験済みである。バカロレアの国家試験のとき、超得意な数学の試験の時間にその揺れが現れた。目の前が真っ暗になって、ペンを持った手が動かなくなった。結果は不如意なものだった。ところが、ほぼ同時に受けていた「獣医大学」の試験には優秀な成績で合格していた。

ある日、大学側の先生に、本人とわたしたち両親が呼ばれるという事態になった。父、イヴ・シァンピは医師であったが、娘は獣医になることを夢見ていた。小さいころから、犬猫は言うに及ばず、ハムスターやカメレオン、気持ちの悪い蜥蜴《とかげ》まで飼っていた。別荘にはびこる鼠《ねずみ》がわたしの仕掛けた罠《わな》に掛かって息絶え絶えになっているのを抱き取り、スポイトでミルクを飲ませて蘇生《そせい》させたりしていた。

「わたしは、パリの気取った奥方たちが可愛《かわい》がる、愛玩用《あいがんよう》の犬や猫には興味ないの。アフリカに行って、野生の動物たちの面倒を見たいの」

北海道の牧場にて(1975年). 写真撮影：宮地義之(『女性自身』)

娘のこういう心情に両親の離婚が原因しているのか、と心が痛んだ。その日、獣医博士は娘を説得しようと真剣だった。

「お嬢さんは優秀です。見事な合格です。しかし、あまりにも若すぎる。この勉強は十一年も続くのです。体力の問題でもあるのです。あと二、三年経《た》って身体が大人に近くなるまで、入学は待ったほうがいいと、御両親に申し上げます」

蒼《あお》ざめた顔で聞いていた娘に先生が笑いながら言った。

「そんなにほっそりと素敵な身体で、

アフリカ原野の猛獣のお産などできますか」

イヴもわたしもホッとしたが、娘は一言も言葉を発せず、真っ蒼な頬に溢《あふ》れる涙を流していた。

娘はどう思ったのか、二、三日口も利かず、結局はソルボンヌ大学に入った。

その年、十七歳の夏休みに、クラスメイトのリュテシアという少女と一緒に、「国境なき医師団」に志願して、六十五歳の神父様の助手として、アフリカのチャドへ医療奉仕に出かけた。動物の介護ではなく、背の低いことで知られるピグミー族の「ハンセン氏病」の治療と聞いて、わたしは生きた心地がしなかった。医療品も不足し、錆《さ》びた鋏《はさみ》で患部を切るのを見てリュテシアが気分を悪くしたとか……。奉仕旅行を終えた娘は、パートナーをリセ(高校)から親しかったマリーという少女に替えて、東南アジアを回り、スマトラ島で貧乏旅行をしながら素晴らしい写真を撮った。旅の最後は日本と聞いてわたしは先回りして待っていた。娘は骨と皮というほどに痩《や》せた身体が真っ黒に日焼けして、あっけらかんと朗らかだった。

31　ジプシーの「ハンナばあさん」

金環蝕《きんかんしょく》は待っちゃくれない

わたしはパリの「蚤《のみ》の市《いち》」へ行くのが好きだった。雑多な人が行き交い、雑多なものが溢《あふ》れかえっている。吃驚《びっくり》するほどの掘り出し物もあれば、ひとつだけ欠けたコートのボタンまでが揃《そろ》う。雑然とした人生のびっくり箱のようで面白い。もちろん、本命はアンティックの家具やアクセサリー、クリスタルなのだ。何千軒もの店が、雑然とした中にも、不思議に区画されて並んでいる。

その日の連れはわたしと呼び名が同じ啓子さんだった。彼女は民間のTV局の特派員として、正式の渡航許可を持って来ている。年代物の書き物机が欲しいという彼女の付き合いで、わたしは単なる野次馬気分だった。

突然、骨董屋《こっとうや》の陰から、ふわーっと現れた大柄な女性に眼を奪われた。皺《しわ》の中に顔があった。眼がキラキラと輝いていた。見ればかなりの年寄りなのに、広い肩幅や堂々とした歩き方にただものではない何かがあった。汚れてはいるが、満艦飾の派手な襤褸布《ぼろぬの》を継ぎ合わせた長いスカートを穿《は》いていた。そこから〝によきっ〟と出るサンダルを履いた足もひび割れていた。見るからにgitan《ジタン》(ジプシー)の占い女で、女親分という感じだった。すれ違いざまにわたしに笑いかけた。

「あんた、中国人かね」錆《さび》のある底力のある声だった。

「日本人よ」

「フン、どっちにしたって大雑把に言やあ、東方系だよね」

東方系……人種分けとしては新鮮だなと思った。

「あんたの顔にいいものが出ているよ」と、彼女が言った。

「占いなら嫌いよ」と言ったわたしの腕をつかんで眼を覗《のぞ》いた。

「もったいない。あんたには今、欲しいものがあるはずだよ」

啓子さんが笑いながら言った。

「面白そうじゃない。みてもらいなさいよ。わたし、そこの店で机を見てる」

わたしも、皺に囲まれた剛毅《ごうき》な容子《ようす》に惹《ひ》かれてきた。

「わたしの顔に出ているものってなあに？」

「日蝕だよ。それもただの日蝕じゃないんだよ。豪勢な金環蝕さ。太陽が月の周りに残ってキラキラと輝いてる。束《つか》の間《ま》の決心をするときだよ。金環蝕は待っちゃくれない」

「何の決心？」

「過去を捨てる決心さ」

「もう捨てたわよ」

「そいじゃ、金環蝕があんたの欲しいものをくれると思うよ。提案は三つある。その中の一つを選ぶんだよ」

わたしはこの突飛な老婆にむくむくと興味が湧《わ》いてきた。彼女は眼を細めて言った。

「あんたの欲しいものは男だろう。第一に男、二番目が健康。三番目は金。さあ、何を選ぶ？　男だろう？」

「男は要らない。別れたばかり。健康は売りたいほどありあまっている。欲しいのは三番目。一にも二にも三にもお金！」

老婆は理由も訊《き》かなかった。わたしも、借金をするのがいやで、娘が夢見た庭付きマンションを買えなかったことは言わなかった。

「今年が終わるころに、いいことがあるよ」

彼女はそれだけ言うと身を翻した。満艦飾の継ぎはぎスカートが土埃《つちぼこり》をあげた。

「ちょっと待って」

占いのお金を払おうと思った。

「そんなもの要らないよ」

チカチカと光る眼で、言ったのだった。

「もし、わたしが言ったことに憶《おぼ》えのあるようなことが起こったら、そのときは、来年のジプシー祭りに来ておくれ。「ハンナばあさん、ありがとう」と言って、葡萄酒《ぶどうしゅ》を奢《おご》っておくれ。言わしてもらうと、あたしゃ、赤しか飲まないんだよ」

と言ってにやりと笑った。

「ジプシー祭り」にはイヴ・シァンピに連れられて行ったことがあった。それは、パリから一千キロメートルもある、南仏の「サント・マリー・ドゥ・ラ・メール(海の聖マリアたち)」という地中海の港町だった。

「どうしてそんな遠くに行くの?」

ハンナばあさんは煙ったような眼をした。

「あたしゃ、八十六か七……いや、九十を過ぎているかも知れないよ。世界中のジプシーが集まる賑《にぎ》やかなあの祭りが無性に恋しいのさ。あんたにも見せたいんだよ。海の青さがあそこは違うんだよ」

そう言うと、両手を上げて踊りながら遠ざかり、人混みの中へ消えて行った。

「どうだったの」

と言いながら啓子さんが骨董屋から出てきた。

「面白いおばあさん。今年の終わりにいいことがあるんだって。あなたは机買ったの?」

「やめた。すごく気に入ったけど、十七世紀の机なの。何人もの人に使われて、わたしが死んだあともまだ頑丈で、また誰かが使うのよ。そんな魑魅魍魎《ちみもうりょう》のしがらみたいなものを感じてやめた」

「魑魅魍魎か……、「蚤の市」の宿命《さだめ》みたいなものだわね」

「わたしが死んだら捨ててもいいような安物を買うわ」

わたしたちはひしゃげた食堂へ入って、アルザス料理のシュークルートを食べた。

クリスマスの贈り物

一九七五年五月一日に夫の家を去ってから、初めてのクリスマス・イヴがやってきた。まだ正式の離婚認可はなかったが、わたしは間もなく前夫という肩書になるだろうイヴ・シァンピとその両親を招いた。

決別したとはいえ「家族」という思いは断ち切れなかったし、それが娘への最高のクリスマス・プレゼントだと思ったから。

前菜にフォアグラ。メインの七面鳥をこんがりと焼いて豪勢な料理を作ってくれたのは、なんと、シァンピ家に料理人兼ガヴァナーとして忠実に仕えていたマダム・ラプロンシュだった。彼女はイヴ・シァンピが再婚しようとしていたので、彼女の夫とともに、何十年という長い間住《す》み馴染《なじ》んだシァンピ家に暇《いとま》を申し出ていた。「新しいマダム・シァンピに仕えるつもりはありません」と言って。

この夜のイヴの複雑な表情には、言うに言われぬ悔恨が漂っていたと思うわたしは、どこかおめでたい性分なのかも知れない。素晴らしい夜会が盛りを迎えたとき、電話が鳴った。

「今、パリの空港へ着いたところです。これから伺っていいですか」

「中尾ちゃん!」

吃驚《びっくり》した。親しくしていた「電通」の中尾幸男プロデューサーだった。遠来の客は、マダム・ラプロンシュが腕によりをかけて作ったデザート、プロシュート・オ・ショコラに合流した。

「これは美味《おい》しい！　さすがはパリのクリスマスですね。こんなうまいデザート、はじめてです！」

と言いながらも、わたしが離別した一家と和気あいあいと祝っている光景を、怪訝《けげん》な気分を隠しながらも、居心地曖昧《あいまい》でいる様子がよく分かった。

シァンピ一家とラプロンシュ夫妻が帰ったあと、飛行機の長旅とシャンパンでほろ酔い加減の中尾さんは、そのまま家のリヴィングでぐったりと眠り、翌クリスマスの日に真剣な面持ちでわたしに対峙《たいじ》した。

「大事な用事で来たのです」

そりゃそうだろう。仲は良かったけれど、わざわざ遠路はるばる顔を見に来たわけはない。

「この夏、北海道を旅した、「おしゃれキャラバン」を憶えているでしょう？」

それは資生堂の長寿番組『おしゃれ』が組んだ、北海道をめぐるキャラバンだった。学校の夏休みを利用して、わたしは娘とともにメインスタッフに合流した。

「あのキャラバンを企画した大野良雄部長とは、出発地の札幌で食事をしたでしょう。彼のたっての依頼でパリへ来ました。岸惠子さんに、是非、資生堂のアドヴァイザーになってほしいとのことです」

わたしは吃驚した。

「アドヴァイザー？　わたしに何のアドヴァイスが出来るの？」

「ま、早く言えばコマーシャルですよ」

「あっ」と言ってわたしは考え込んだ。

わたしはコマーシャルというものは、「にんじんくらぶ」の膨大な借財を埋めるためにいくつかの宣伝に無料出演したことを除けば、「マリーム」(コーヒーに入れるミルク)という評判のいいコマーシャルを一本だけやっていた。

「コマーシャルって二本やってもいいのかしら」

「何言ってんです。一人で何本もやっていますよ」

この記念すべき離別後はじめてのクリスマス以来、途中わたしがジャーナリズムに身を投じていた十数年間を除いて、わたしと資生堂の仲は半世紀近く続いている。

わたしがはっとして、ジプシーのハンナばあさんを思い出したのは、年が明けてからだった。

「男か、健康か、金か」と訊かれたジプシーのハンナばあさんに、断乎《だんこ》として答えた自分を思い出した。

「男も健康も要らない。一にも二にも三にもお金！」

コマーシャルのお金が入って、不足していた金額が満ちたとき、娘の夢見た庭付きのマンションはすでに人手に渡っていた。世の中にはお金持ちがいるもんだ！

「わたしが言ったことに憶えのあるようなことが起こったら、葡萄酒を奢っておくれ。あたしゃ、赤しか飲まないんだよ」

錆びた底力のあるハンナばあさんの声が胸に溢れた。

「海の青さが違うんだ。あんたにも見せたいんだよ」

と言って踊りながら消えていったハンナばあさんに会いに行こう！

サント・マリー・ドゥ・ラ・メール

野生の白馬が群れをなして疾走するカマルグ地方に二日かけて行ったのは、五月の末だった。パリから一千キロメートルもある道のりを、友人と二人で運転を交代しながらたどり着いた。車の後ろに、一ダースの赤葡萄酒、極上のボルドーワインのケースを入れて。

そこは地中海北西部にあたるカマルグ地方の突端にある鄙《ひな》びた小さな村である。

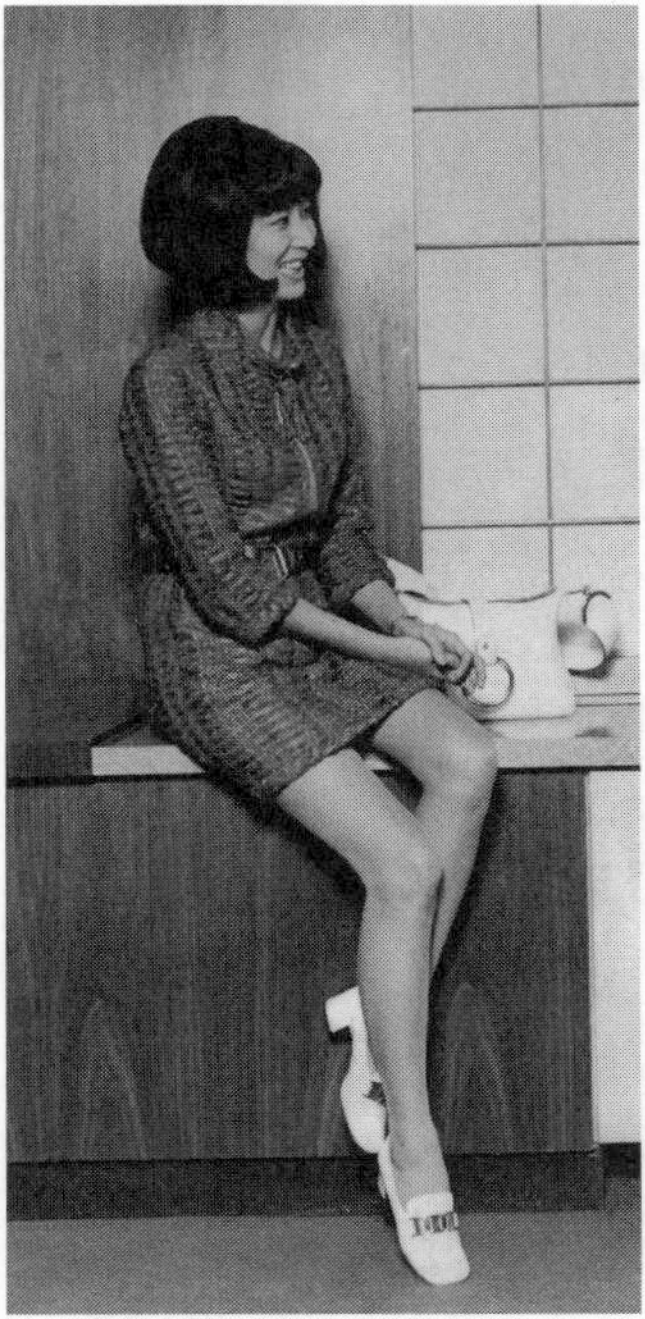

50代を迎えた岸惠子

白壁に赤レンガの屋根。静かで貧しいこの漁村が「サント・マリー・ドゥ・ラ・メール」として一躍有名になったのは、紀元四〇年ごろとされている。美しくもの哀《がな》しい神話と伝説が作り出した物語は、二〇〇三年の秋に上梓《じょうし》した、上下二巻にわたる長篇小説『風が見ていた』に詳しく書いたので重複は避ける。かいつまんで言えば、同じユダヤ人に迫害され、パレスチナから追われた三人の聖女たちが、小舟に乗ってたどり着いたのが、この港町だった。櫂《かい》もない小舟を担いで運んだのが、ジプシーたちや漁夫や巡礼者だった。そのときから聖マリアを記念する毎年五月に、世界中のジプシーが集まってお祭りをする。

ふだんはひっそりと静かにちがいない風情のある漁村は、その日、おもちゃ箱をひっくり返したような賑わいだった。世界中から集まったというジプシーたちは、みんな大所帯で、幌馬車《ほろばしゃ》やキャラバンはごてごてと飾り立てられ、大半は馬に曳《ひ》かせている。埃と馬糞《ばふん》にむせ、派手派手しいジプシーの民族衣装の中を行くわたしは好奇の目を引いた。いろんな言葉で囃《はや》し立てられながらも、わたしを囲むジプシーたちの視線は温かかった。

アコーディオンを弾き、歌い、踊り、祭りは闌《たけなわ》だった。埃と馬糞の臭《にお》う地べたに茣蓙《ござ》を敷き、行商をしている一団もあった。流浪の民独特と思われる浅黒い肌に黒い髪、中には白人種もいた。みんな精悍《せいかん》ですばしこく、情熱的で汗臭かった。わたしはその猥雑《わいざつ》さに酔った。広い世界の隅々から、風に吹き寄せられたように集まってくるという、このジプシーという人たちの、自由さや逞《たくま》しさに酔った。

ところがどこを捜しても、ハンナばあさんが見つからなかった。アコーディオンを弾いている五十がらみの小父《おじ》さんに訊いてみた。

「おいらたちも、寂しいんだよ。祭りが始まると真っ先にやってくるのに……死んだんだろうよ。みんなから好かれて威勢も気もいいばあさんだったけど、年だったからね。家族もいないはぐれジタンなんだよ」

そういえば、パリの「蚤の市」でふいっと現れたときも独りだった。

独りぼっちのジタン！　胸が騒いだ。

わたしは、車のトランクから、葡萄酒のケースを運んできた。

「もしひょっこり現れたら、このワインを渡してくれる？　東方系の女から、

「占いが当たったお礼」と伝えてほしいの」

「来るわけないよ。いつも祭りが始まると真っ先にどこかから現れて、祭りが終わるとどこへともなく消えていくのさ。わたしたちも寂しいよ。ハンナばあさんのいない祭りなんて……もしかしたら……」

と、さっきまで賑やかにフラメンコを踊っていた中年女のジプシーが言った。

「死んじゃいないよ。さっき、聖女を載せたいかだを担いで、沐浴《もくよく》をさせる行事のとき、一緒に担いで、そのまま海の底にいるかも知れない」

薄汚れた中年のジタンのロマンティックな発想にしびれた。わたしは一本の瓶を取り出し、残りのケースを差し出した。

「ハンナが好きな赤ワインよ。彼女からの贈り物だと思ってみんなで飲んでね」

〝うわっ！〟という歓声の中、わたしは眼の前にひろがる海へ向かった。祭りの賑わいは消えていった。ここの海の色は、「蚤の市」でハンナばあさんが言ったように、青の色が違った。南仏カンヌやニースの、エメラルド色に輝く地中海ではなかった。ローヌ川の堆積が流れ込むせいか、緑青《ろくしょう》を流したような不気味な蒼《あお》さもある、少し凄《すご》みのある地中海なのだ。

わたしはボルドーワインの瓶と、大事に持ってきた資生堂の乳液の瓶を波間に浮かべた。海に向かうわたしの頰《ほお》を冷たい涙が流れて落ちた。

32 『細雪《ささめゆき》』の風景

一九八二年夏の盛り、市川崑《いちかわこん》監督から電話があった。

「恵子ちゃん、帰って来てや」

いつものことだった。初対面は、京都にいたわたしを前触れもなく訪れて『おとうと』(一九六〇)の脚本を渡された。以来、市川監督は事務所も通さず、パリのわたしに直接電話をかけてくるのが習わしになっていた。たとえば『悪魔の手毬《てまり》唄《うた》』(一九七七)のときの会話はこんなふうだった。

「今度は殺人鬼や」

「えっ、人殺し?」

「それも五人や」

殺人鬼でも、強盗でも、恩人と仰ぐ監督の依頼に応じる覚悟はできていた。ただし、わたしはアクション物やミステリーが好きではない。市川監督の美しい映像、切れのいい編集をもってしても、この類の作品は苦手だった。撮影が闌《たけなわ》になったころあいに頼んだ。

「先生、ただの連続殺人の謎《なぞ》解きじゃつまらない。台詞《せりふ》を足してください」

夫が村の女たちに産ませた子を、次々と殺してゆく温泉宿の女将《おかみ》が罪状を告白する場面で、わたしは脚本にはない台詞を言った。

「むごい男と分かっても、好きやった……。どうしても忘れられまへんのや」

手前味噌《てまえみそ》とそしられようと、わたしは数あるこのシリーズで、この一言が『悪魔の手毬唄』をただのミステリーに終わらせず、切なさを添える人情物にしたと思っている。今、コロナ状況で家にこもる日々が続いているとき、TVで放送されたこの作品を観《み》て、わたしは息を呑《の》むほど驚いた。共演者の誰もが素晴らしく、市川監督の映像も演出も超一級の出来栄えである。『おとうと』に次いで、わたしの代表作というべき作品だと悟り、幸せが胸にこみ上げたのだった。

一九八二年夏の市川監督の電話は、いつもより威勢が悪かった。

「ミスキャストなんやけど、しゃーない。出てや」

「どんな役ですか」

「『細雪』の長女や」

「先生、それは無理。わたし音痴だから大阪弁っぽい訛《なま》り出来ないし、あの長女役は山本富士子さんがぴったりですよ」

「そうやねん。お富士さんの役やねん。けど都合があって出られへん。東宝の社長が岸恵子でなきゃダメだと言ってる。ミスキャストやけど、お富士さんの代わりやってや」

ミスキャストだ、山本富士子さんの代役だと言われてノコノコ出て行ったわたしもわたしだけれど、大変な役回りを演じる羽目になった。

その当時、大河ドラマ『おんな太閤記《たいこうき》』(一九八一)で人気を博していた佐久間良子さんが物語の中心になる次女役だった。当然クレジットのトップは彼女のはずだが、スターとして燦然《さんぜん》と輝く吉永小百合《よしながさゆり》さんが二番手になる。四人姉妹だから長女から順番の配列がよいと吉永さんが言った。わたし自身はクレジットの順番などどうでもいいと思っていたし、事実『君の名は』第一部のクレジットで、わたしの名前がどこにあったかなんて憶《おぼ》えていない。ところがこの世界では日本に限らずどこでも、俳優の番付は重大であるらしい。

「恵子ちゃん、助けてや」

市川監督に言われて東宝本社に出向き、熱弁を振るった。どんな熱弁かは憶えていないが、強調したのは『細雪』のストーリーだったと思う。

大阪船場の蒔岡家《まきおかけ》、四人姉妹の物語自体は、次女の幸子が中心である。本家で長女の、わたし演じる鶴子《つるこ》の夫は銀行員で、ちょっと気難しい。同居していた三女雪子も、四女妙子も、義兄が煙ったくて、芦屋《あしや》に住む分家である次女幸子の家に移り住んでしまう。映画のラストは鶴子の夫辰雄が東京転勤のため、本家のある船場を離れ、汽車に乗る場面で終わるので、三女雪子の縁談に奔走する次女がトップで、長女が後回しになるのは当然、というようなことで収拾したと

『細雪』打ち上げのパーティー．(左から)古手川祐子，佐久間良子，石坂浩二，岸惠子，吉永小百合(1983年)

記憶する。

ミスキャストと言われた肝心のわたしは？　スタッフ試写の最中、わたしの初登場のシーンで脚本家の日高真也さんが「千両役者！」とヤジを飛ばしてくれた。市川監督も「いいじゃないか。最高の鶴子だよ」と笑った。

「どこが」とわたしは鼻白んだ。

「着物の着方が最高だよ、ぞろっぺでだらしがなくて」

「先生！　それ褒《ほ》め言葉？」

『キネマ旬報』一九八三年五月号で、淀川長治《よどがわながはる》さんと市川監督が対談している。かいつまむと……。

「『細雪』四姉妹のスティル写真を、原作者の谷崎潤一郎夫人に見せたら、着付けが違うと注意された。僕も文楽の人形みたいに着せようとしてたんだけど……」と監督。

「岸さんの着方が関西的なの」とは淀川長治さん。

「僕は昔からあの人のことを〝おひきずり〟と言ってるんです。つまり、昔の女郎みたいに着るでしょ、いいんだなあ。自然で、そのくせ色気があって、女らしくて」

〝ふーーん〟とわたしは「おひきずり」に拘《こだわ》りながら、着物を着せたらわたしは天下一品なのよ、と威張ってみた。

33 飲まなかったシャンパーニュ

『細雪《ささめゆき》』の撮影を終え、パリのサン・ルイ島に帰り着いたわたしは、そのままキッチンへ直行して冷蔵庫を開けた。扉の内側に、ほっそりとしたシャンパンの瓶が一本、ぽつんと立っていた。それを冷やしたのは、半年ほど前の蒸し暑い夏の終わりだった。

離婚後かなりの歳月が経《た》っていた。離婚という大手術はお互いを冷静にし、それぞれの長所を真摯《しんし》に認め合うゆとりのようなものが生まれていた。イヴ・シァンピはその短すぎた生涯の最後まで、あらゆる意味でわたしの支えになってくれた。わたしとイヴは娘のために、日曜日の昼食をいつも共にした。けれどわたしの手料理が並んだ食卓に、娘が最後まで同席することは稀《まれ》だった。口実を見つけては中座することが多かった。その都度、父親のせつない面差しを見るのは辛《つら》かった。

太陽のように明るい餓鬼大将《がきだいしょう》だった娘は、ひっそりと寡黙になり、偉大なピアニストである祖父が贈ったピアノに二度と手を触れなくなった。ピアノをやめた娘は乗馬に夢中になり、危険な障害競技に次々と挑戦して、優勝カップを部屋に並べた。喜んで通っていたクラシックバレエもやめ、空手道場に通い出したのは十二歳のときだった。わたしが大人の止めるのも聞かず、防空壕《ぼうくうごう》から焼夷弾《しょういだん》の炸裂《さくれつ》する地獄へ飛び出して命が助かったのも、十二歳のときである。あのときからわたしは子供をやめた。

娘はこんな風にして、子供から大人へ、ブルジョワ的生活からちょっとドロップアウトした野趣の匂《にお》いがする生活へと、自分を変えていったのだった。

一九八二年、市川監督から「ミスキャストやけど、帰って来て」と電話があってから暫《しばら》くした夏の終わりのその日。機嫌よく最後まで食卓にいた娘が、デザートに冷えたシャンパンを父に渡した。

「ママンがまた旅に出るの。パパとママンにお別れのシャンパーニュを飲んでほしいの」

「別れのシャンパーニュ？　ケイコはいつ帰ってくるの？」

「今度は長いの。『夕暮れて』というＮＨＫの連続ドラマと市川監督の『細雪』の撮影で、パリに帰るのは年が明けてからかも知れない」

「ほんとに長いんだね」

和やかだった食卓に妙なしじまが流れた。わたしたちの離婚は、このわたしの度重なる不在が原因だったのをみんなが思い、誰も口には出さなかった。その雰囲気を蹴散《けち》らすように、イヴはおどけた様子でポケットから出した手帳に、何かを大書してわたしたちに見せた。

「来年二月九日、三人でシャンパーニュを飲む日」

その日は彼の誕生日だった。

「つまんない、せっかく冷やしておいたのに」と娘が言い、「今日あなたと飲みたいな」とわたしも言った。

「どうしたの、まるで今生の別れみたいな顔をして」と弾《はじ》けるように笑いながら彼はキッチンへ行き、冷蔵庫の内扉にシャンパン「ルイ・ロデレール・クリスタル」の瓶をストンと収めた。

「二月九日には、ママン、必ず帰って来てよ。去年のパパの誕生日みたいに電報だけじゃいやよ。絶対に三人一緒よ」

感情の吐露ということをしない娘が珍しく見せた激しさに、わたしたちは驚いたり喜んだりした。

『細雪』撮影中の十一月四日に、はしゃいだ声の娘から電話があった。

「パパの次回作『シカトリス(傷痕《きずあと》)』のクランクインが決まって、パパの家にスタッフが集まって大パーティーをしたの。でも、執刀医の役をママンにやってほしいから帰りを待つそうよ」

娘の嬉《うれ》しそうな声に、父と娘の睦《むつ》まじさを感じて胸が熱くなった。

翌十一月五日の深夜過ぎにまた電話があった。前日とは打って変わった静かす

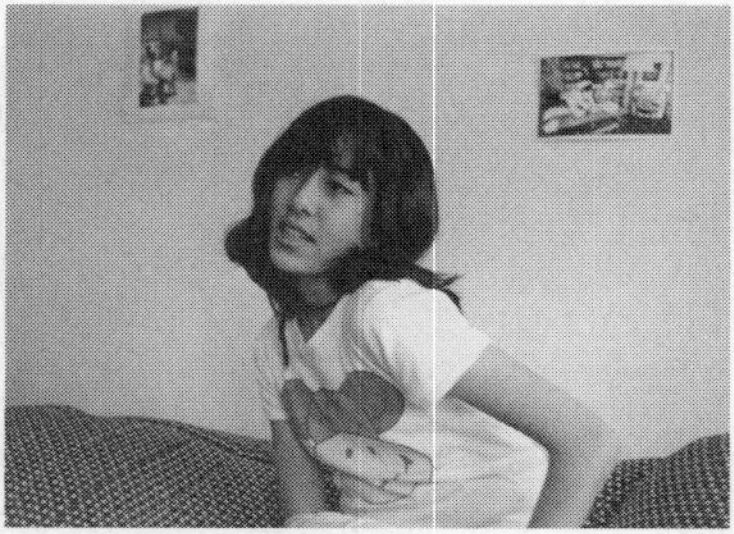
デルフィーヌ（12 歳のころ）

ぎる声に異変を感じた。

「ママン、起こしちゃった？　疲れている声ね」

「日本は真夜中よ」

「ごめんなさい、明日かけるわ、わたしは大丈夫、心配しないで」

「してないわよ」

娘の異常な様子に胸騒ぎがした。

「何かあったのね」

「……パパが今朝《けさ》倒れたの」

「えっ！　今どこにいるの！　電話替わって！」

「パパは電話には出られません。わたしがついています」

「何があったの」

「ママン、ママン！　……パパは今朝死にました」

部屋の空気がチカチカと痛くなって、わたしは絶叫したようだった。笑い転げたようでもあった。

「ママン、落ち着いてちょうだい。パパがこんなに静かで、いい顔しているのに……」

「いい顔なんかして何になるの！　死んだなんて何をふざけているの！　何を言ってるの！　あなたが冷やした別れのシャンパーニュ、まだ飲んでいないじゃないの！」

わたしは支離滅裂に壊れていった。

セーヌ河畔の石畳で、「じゃ、来年の二月九日に！」と手を振った笑顔が、わたしが見たイヴ・シァンピの最後の姿になった。

長かった不在を終えてパリへ帰ったわたしは、開いたままの冷蔵庫から流れ出る凍《こご》えた空気を浴びながら、台所の床にしゃがみ込み、タイルに爪《つめ》を立てた。冗談のように信じがたい現実が立ちはだかった。

約束のその日、キッチンから取り出したシャンパン「ルイ・ロデレール・クリスタル」は、陽《ひ》にかざすと黄金色の鈍い輝きを放ち、それを娘が三つのグラスに注いだ。濡《ぬ》れた瞳《ひとみ》でわたしを鋭く見つめた娘は、不思議に力のあるほほ笑みを浮かべて言った。

「独りぼっちになったママンに幸せを」

34　イラン「天国の墓場」

イヴ・シァンピが旅立ってから一年三カ月が経《た》った。

一九八四年二月七日午後二時十分前、フランスに亡命していたイランの元将軍が、パリのど真ん中でイスラム教ジハッド(神の党)に射殺されるテロ事件が起きた。暗殺されたオヴェイッシィ元将軍の死体が寄りかかっていた車、それはわたしの車だったかも知れなかった。

現場は、義父の愛弟子《まなでし》でわたしの友人でもあったピアニストが住む建物の前。門の前に数台分の駐車場があり、わたしはその日その時間、彼女と会うために車を止めるはずだった。突然の長電話で時間に遅れ、テロ現場に居合わせなかった。

何かの因縁を感じたし、フランスの新聞が、この事件を「暗殺」と言わずに

「処刑」というニュアンスで書き立てていることに興味を持った。古代ペルシャがイランになり、今も、そのときも、世界から孤立しているような国柄に興味を持ち、その実態を垣間見たいと、わたしは無謀な行動に奔《はし》った。

「自分の眼で見て、肌で感じる」と言ったイヴ・シァンピの言葉に後押しされ、事件の二カ月後、わたしは単身イランの首都テヘランに降り立った。五十一歳だった。

空港の荷物検閲は尋常ではなかった。麻薬を恐れているとかで、旅行者の一人一人、着ているものの縫いしろまでをたしかめる入念ぶり。わたしの持っていた週刊誌にバレリーナのタイツ姿のページがあり、検閲官がじろっとわたしを見つめた。ページを破り取るか、雑誌を没収すればいいのに、それを丁寧にマジックで塗りつぶす。入国審査を出るのに三時間半もかかった。

テヘランの町は、そこここに立つ未完成のビル群の窓枠が、ポカンと口を開けた髑髏《どくろ》のように不気味で、巨大クレーンが木偶《でく》の坊《ぼう》のように立っていた。それは一九七九年一月に国外亡命をしたパーレヴィ国王の、西欧的近代化政策による栄枯の残像だった。

代わって亡命先フランスから帰国したホメイニ師が、イスラム原理主義体制を国中に敷いていた。町には、黒地に白でプロパガンダを染め抜いた横断幕が翻っていた。アラビア語ではなくペルシャ語と思われる白い書体が美しかったが、その横断幕を抱えている男たちの、暗く鋭い眼、黒い髭《ひげ》で覆われた顔は、なんとも言えず不気味だった。

わたしはまず、パリで暗殺されたオヴェイッシィが、パーレヴィ国王の独裁政権に反対する市民のデモ隊三千人を、車からの機関銃や空からの機銃掃射で殺傷したという「ジャレー(朝露)広場」に向かった。革命下で「殉教者広場」と改名された広場にあるという、犠牲になった市民の記念碑を見たいと思ったのだ。その記念碑は、鉄製の巨大な四本のチューリップが天空に向けて真っ赤な花弁を開いている、かなりグロテスクな建造物だった。

カメラを構えたわたしが異様な雰囲気を感じたときには、あたりにたむろする男たちの刺すような眼がわたしに向けられていた。わたしは黒いスカーフは被《かぶ》っていたが、ベージュ色の洒落《しゃれ》たコートを着て一人だった。イスラム教では写真は魂を抜き取ると忌み嫌う習慣を思い出して、シャッターを切らずに脱兎《だっと》のごとく待たせてあったタクシーに逃げ込んだ。

タクシー運転手が〈お客さん無茶だよ〉というように首を振り続けた。広場の周りの樹々《きぎ》にイラクのフセイン大統領の人形が、白装束で首をくくられ吊《つ》り下げられていた。ホメイニ革命下のイランがイラクとの泥沼戦争真っ最中というただならないとき、わたしという異教徒の女の一人旅は危険すぎた。

テヘラン駐在の商社や新聞社派遣の方々の親切がなかったら、わたしの旅は不毛に終わったはず。毎日新聞社の関係者で、英語を話すハミード・アラギ氏にはひとかたならぬお世話になったが、毎朝の服装チェックには参った。

「タグーティすぎる！　着替えてください」

「タグーティ」とは西欧化している、洒落すぎている、つまり反イスラムということだとか。女の髪の毛は男を惑わす邪淫《じゃいん》とされ、「ヘジャブ」という黒いスカーフで隠していないと風紀紊乱《ふうきびんらん》の罪でコミテ本部に引っ張られる。わたしはその日も、スカーフは纏《まと》っていたが長いスカートを穿《は》いていた。

「ストッキングから肌が透けて見えます」

「えっ？　これ足よ。チョッピリの足」

「チョッピリの足でも女体の一部です。ズボンに穿き替えてください」

四月とはいえこのクソ暑い中東の日盛りにズボンかよ！　わたしは全身蒸れながら、想像外の世界を驚嘆と一種の感動で歩き回った。生活状況が剝《む》き出しになるバザール(市場)で見る、ざっくばらんで威勢のいいチャドル姿の主婦たちや、金曜礼拝のときの僧侶の性愛についてのお説教には、落語家も思いつかないような際どい表現や、笑い転げるほどのユーモアがあって驚いた。

テヘランのジャレー広場でイラン人の鋭い眼差しに遭う(1984年)

かたやイスラム教の法律には「キサース(同害報復)」という刑罰がある。平たく言えば「目には目を、歯には歯を」である。テヘランの街中は混む。パーキング・スペースを奪い合ったAとB二人の屈強の若者の、AがBを殴って前歯を二本折ってしまった。裁判にもつれ込み、BはAの同じ前歯を二本折るべし、と判決が出た。もし三本目の歯を折ってしまったら、歯折り合戦はエンドレスとなる。同害報復なので、同じ位置、同じ数、同じ方法が要求される。滑稽劇《こっけいげき》である。温情あふれる裁判官の提案で、ストレート・パンチではなく、Aは歯医者に行ってこの先何十年も使えるピカピカの前歯をきっちりと二本抜いた。

ある日、北部に住む裕福な地域のホームパーティーに招かれ、チャドルを脱いだ女性たちのあまりにも妖艶《ようえん》な姿に吃驚《びっくり》した。アーモンド形に開かれた大きな眼、その眼の中にある、女のわたしでもタジタジとなるような、否めなくある隠れた媚《こ》び。豊満な姿態。外へ出るときの過剰な身を隠す武装の憤懣《ふんまん》なのか、胸を大きく開けたドレスに装飾品がきらびやか。チャドルを脱いだ女性たちはあまりにも煽情的《せんじょうてき》で圧倒された。ある単身赴任の日本人男性が言った。

「参っちゃいますよ！　普段はチャドル姿で化粧もしていないお手伝いの戦争未亡人が、ある日、ぼくが帰る時間を狙《ねら》ってなのか、風呂《ふろ》上がりの洗い髪で、むっちりとした裸にタオルを巻きつけた姿でドアを開けたんですよ。どんな男だって〝むかっ〟ときますよね」

「むかっ、を成就させたらどうなるの？」とわたしは訊《き》いた。

「知れたら、男は公衆の面前で縛り首ですよ」

「女は？」

「群衆による投石の死」

すごい戒律なのだった。

街中をアヴェックで歩いて許されるのは、夫婦ものか婚約者に限られる。男たちの塊と女たちの塊に別れてしまうという街姿は寂しい。

イスラム教を開いたムハンマドがチャドルで身を隠す教えを説いたのには、一理も二理もあるとわたしは思った。吹きすさぶ砂嵐から身を守る、というもっともな理由とは別に、彼らと彼女たちは性的に敏感すぎる人たちではないのかと思った。

そんなある日、「ベヘシュテザハラ(天国の墓)」という霊園での異様な光景に慄《おのの》いた。真っ赤に染色された血を模した噴水が、天に向かって高だかと噴き上がっているのだった。地雷探知器として駆り出され殉教した少年たちへの供養とのこと。グロテスクこの上ない光景である。わたしは夢中で、隠していたカメラのシャッターを数回切った。

墓地は嘘《うそ》っこの縁日のように明るかった。色彩のない街中とは別天地だった。色とりどりの長い旗が風になびいて空に滲《にじ》み、奇妙な華やかさを醸し出している。その真ん中で、顔も身体《からだ》も炸裂している十四歳の少年の亡骸《なきがら》を、棺もなく穴に埋葬しているところを見て、「殉教すれば天国に行ける」という都合のいいプロパガンダで殺される若者の姿に胸が詰まった。

そのとき、耳をつんざくようなサイレンとともにトヨタ・ランドクルーザーが止まり、飛び降りてきた銃を構えた革命防衛隊の兵士たちにわたしは囲まれた。

「タグーティな異教徒の女があちこちで写真を撮り、我々の聖地を穢《けが》している」

と通報があったとのこと。手錠を掛けようとした兵士がわたしの涙に濡《ぬ》れた顔を見て怪訝《けげん》な顔をした。わたしは怒りなのか悲しみなのか分からない昂《たか》ぶりで自分が涙を流していたのも知らず、手錠を掛けようとしている兵士の眼の真ん中を見た。わたしを囲んでくれた数人の同伴者の必死な弁明がなかったら、わたしは墓地の後ろに聳《そび》える悪名高いエヴィン刑務所に連行されたかも知れなかった、ということだった。出所はほぼ皆無という地獄だった。

この体験にもめげず、わたしはイラクの空襲が酷《ひど》さを増した秋に、再度のイラン行きを実行した。イスラム世界へのわけの分からなさを解明しようと思った、浅はかな一回目の旅行。納得したのは、我武者羅《がむしゃら》な興味で決行した一人旅ぐらいで「イスラム」は分からないということだけだった。

35　ナイル河遡行《そこう》

最初の一滴を訪ねて

二度目のイランから帰って十日目に、わたしは俗に死熱と呼ばれ、四十八時間続くと死ぬと言われている異常な高熱を出した。身体《からだ》が重苦しく息をすると痛い。腫《は》れ上がった瞼《まぶた》をこじ開けると流れ込む空気が痛い。

「イランに危険なウイルスはないけれど、あなたはセイシェル群島ではデング熱、インドネシアではアメリカ鉤虫《こうちゅう》。まめに奇病を拾ってくる人ですからね」とイヴ・シァンピと親しかった医師が抗生物質をくれながら、「ほかに飲んでいる薬は？」と訊《き》いてくれたのに、「ありません」と即答した。何十年も常用している睡眠薬は薬という認識がなかったというお粗末だった。抗生物質のお蔭《かげ》で熱は下がったが、わたしは廃人同様になった。トイレにも這《は》って行き、首や顔がカクンカクンと痙攣《けいれん》する。恐ろしくて震えているわたしを見舞ってくれた親しい啓子さんが呆《あき》れて言った。

「あなたすっごい生命力。死亡に至るところだったのよ！」

「立っていないで座ってくれる？」

「わたし、疲れていない」

「わたしが疲れるの、視線をそこまで上げられないの」

彼女はわたしに睡眠薬の効能書を突き出した。

「読んでみて」

「字が霞《かす》んで読めない」

「そうでしょう。書いてあるわよ、抗生物質との併用厳禁。視力減退、筋肉痙攣、ひどくなると言語障害……」

「もういい、まるで麻薬じゃないの」

「薬なんてみんな麻薬なのよ。急にやめると恐ろしい禁断症状が来るそうよ」

報《しら》せに飛んで来てくれた医師が笑いながら言った。

「あなたの冒険心は暫《しば》く出番禁止です。特にコレラや天然痘《てんねんとう》の予防注射が必要なアフリカは絶対にダメ」と念を押された。生来丈夫なわたしが、回復するのに一カ月かかった。娘と珍しくも平穏な数週間を過ごす日々が続いていたさなか、テレコム・ジャパンの彦由常宏《ひこよしつねひろ》プロデューサーが膨大な資料を持ってパリまで来てくれた。『大河ナイル六七〇〇キロ』という「ネイチュアリングスペシャル」を掲げたTVシリーズの一回目のルポルタージュ作品だった。わたしは〝うーん〟となってしまった。

「マラリヤやツェツェ蠅《ばえ》やコレラの予防注射を打つのね?」

「打つんです。二カ月ほどの間隔で七種類九本の予防注射です」

熱帯、特にアフリカはダメと医師に言われたのはついひと月ほど前。しかし、ナイル上流のブラックアフリカは抗しがたい魅力である。

彦由さんは、わたしがすでに熟読し驚嘆していた、野町和嘉《のまちかずよし》さんが一九八三年に刊行した『バハル――アフリカが流れる』(集英社)をわざわざ持参してきてわたしの前に広げた。その後、土門拳賞を受賞したこのルポルタージュ写真集は、アフリカに魅せられ熱中するわたしの心を鷲摑《わしづか》みにしていた。

「知っているよ。つぶさに読んだし、写真には圧倒されているよ」とわたしは言った。

野生が躍動する強烈な迫力は驚嘆すべきものだった。身体中に水ぶくれのような瘢痕《はんこん》装飾を施した全裸の男女。漆黒の顔や身体に、牛糞《ぎゅうふん》を燃やし灰にしたものを牛尿《ぎゅうにょう》で捏《こ》ねて塗りたくる。これが彼らのマラリヤ予防なのである。

朝は牛のお尻《しり》に頭を突っ込み尿で顔を洗う！　わたしが息を呑《の》んでいたページを指して彦由さんが驚くべきことを言った。

「この部族は南スーダンのジュバにいて、ここはお嬢さんに行っていただきたい」

「ちょっと！　うちの娘、牛のおしっこで顔洗って、牛糞を塗りたくるわけ！」

「マラリヤに罹《かか》るよりましでしょう」

彦由さんは憎らしいほど愛嬌《あいきょう》のある顔で笑った。

「蚊取り線香やミネラルウォーターを用意しますよ」

それでもわたしは言い募った。アフリカ情勢は彼より詳しいと思っていた。

「牛糞を塗りたくるのはいいとしても、南スーダンのジュバには反政府ゲリラが跋扈《ばっこ》しているのよ。今、フランスとイタリアの科学技術者が二人も人質になっているのよ！」とわたしは叫んだ。

「ママン。それは親バカの誇大妄想よ。わたしは名もなく技術もない大学生よ。貧乏な反政府ゲリラに持参金をつけても、人質に取ってくれないわよ」

娘はリアリティのある発言をする。

ナイル河最初の一滴は、ルワンダの「幻の月の山々」と言われる山脈の中のひとつ、標高五千百九メートルのスタンリー山から滴り落ちる。地中海に注ぐまで全長約六千七百キロメートル。アフリカ探検隊が何人も命を落とした難路を撮影するのは、かなり過酷な仕事になるに違いない。

酷暑が去り砂嵐が襲来するまでの約二カ月でルポ撮影を完結するには、二班を立てなければ賄いきれない。こうして娘は念願が叶《かな》い、マッキーという愛称で呼ばれている若いディレクターの下で、第二班のリポーターになった。

「わたしも連れていってください！　何でもします」

と離婚時に、わたしのもとへ従妹《いとこ》が送ってきたシジミが言った。シジミと言っても　もちろんお味噌汁《みそしる》の中に浮いている蜆《しじみ》ではない。九州は大分県日田の大地主の令嬢である。彼女の名前がまた「けいこ」、しかもパリでの親友、啓子さんと字まで同じの「啓子」だった。離婚の衝撃でわたしが弱っているかも知れないと、彼女の母親が持たせてくれた、大量の「蜆の精」のため、樋口啓子はシジミとなった。

娘とは九歳ちがいの若さで、頭も勘もずば抜けてよく、「アリアンス・フランセーズ」でも成績抜群。何よりも、いざというときにバカ力が出るという特色を持っていた。彼女は、わたしたち母娘《おやこ》のように冒険好きで行動派だった。国連のミッションにも、娘が参加できないときは助手として同伴し、八面六臂《はちめんろっぴ》の働きをした。お人好しで人を疑わず、騙《だま》されることは屢々《しばしば》あったし、それにわたしが巻き込まれたことも多々あったが、基本的に抜け目がなく、交渉事がうまかった。

スタッフに加わった娘とシジミの積極性と行動力に、彦由プロデューサーは舌を巻いて感謝してくれた。

「シジミちゃんは優秀な製作費削減のプロですよ。値切るのがうまい。でも、「シバレ」というアフリカ奥地の市場で、野生の鶏を値切ったときは、相手が怒ったらしい。観光客なんぞ見たこともない現地の人は、掛け値なんかしていないんですよ」

仕方なく言い値で買った、一ダースばかりの痩《や》せこけた鶏を両手に数羽ずつ下げて、泥まみれの顔でロケバスに運んだ娘とシジミは見ものであったらしい。おんぼろのロケバスは床に空いた穴から赤土が舞い込む。コケッココーと逃げ惑う鶏たちもスタッフも、灼熱《しゃくねつ》の暑さの中、赤土の埃《ほこり》の上に汗が流れて、合流地点で会ったときは、顔に紅《あか》い縞々《しましま》が出来ていた。

二班が出会うのは、アフリカ探検家の一人、スピークがナイル源泉と思い込んだヴィクトリア湖と、野生動物が群居する「ムウエア島」の二地点だった。ムウエアは島そのものが自然公園になっていて、そこにはサリーと名乗るガードマンのチーフがいた。

エジプトはギザのピラミッドで別れた娘とシジミは、その後、問題のジュバの裸族の中で牛糞を燃やした煙にくるまり、地べたに寝袋を敷いて眠り、神の水と崇《あが》められるナイルの水を飲んでお腹《なか》を壊し、熱もあったが、顔が生き生きと輝いていた。合流した二班のスタッフ一同は、喉《のど》が渇き、お腹が空《す》ききっていた。ガツガツとランチをがっつくことに専心していた。喉が焼けつくように渇いたわたしは、テーブルの上に置かれたコップの水をじっと眺めていた。薄く土砂色である。

「あのー、これボイルドしてあるんでしょうか？」

恐る恐る、江戸っ子並みに気の短そ

ナイル河遡行をともに取材したデルフィーヌ．ジュバの裸族の中でインタヴュー(1985 年)

うなサリー氏に訊いてみた。

「えッ、この暑いのに熱湯が飲みたいんですか!」

小作りだが、広い肩幅、全身筋肉のようなサリー氏が不審な顔をした。

「いえ、あの、つまり殺菌してあるんでしょうか?」

「なに言ってんですか、これはナイルの水ですよ!」

そのニュアンスには「神の水ですよ」というふうな咎《とが》めがあった。わたしは澄まして出された食べ物をがっついている彦由プロデューサーを睨《にら》んだ。

「彦さん。病後の岸さんには、顔を洗うにも、歯を磨くにも純粋無垢《じゅんすいむく》なミネラルウォーターで……なーんて出発前に言ったの誰でしたっけ?」

スタッフに配られたのは一日に四合のきれいな水だった。飲むのも、身体を洗うのもその水だけで賄った。わたしは知らぬ顔の半兵衛《はんべえ》のプロデューサーの前で、背に腹は替えられず、音を立てて神の水を一口飲み、ごくりごくりとコップ一杯飲んでしまった。

「ランチ、ストップ!!」

サリー氏の鋭い声で、まだ半分も食べていない貧弱な皿を未練気に捨てて、一同、腰が高く大きなサファリ・ジープに乗り込んだ。猛獣たちは群れを成して行動する。珍しくたった一頭でさすらっているライオンがいる、という情報が入ったのだった。出会ったのはジャングルが少し開けた森の中だった。ジープがエンジンを止め、滑るように止まった。わたしはするりとジープを降りて、足音を忍ばせて歩いた。ライオンと入れ込みのカットが欲しかったのだった。猛獣との距離は二、三十メートルだった。

「ストップ!!」

低いが鋭いサリー氏の声で足を止めたが、ライオンもその場に止まり、じっくりとわたしを振り向いた。凄《すさ》まじい野性である。わたしは思わず息を呑んで、一歩前へ出た。ライオンはわたしを見据え、どういうわけか、ゆっくりと一歩後ずさった。わたしが一歩前進した。

「イナーフ!　いい加減にしろ!」

サリー氏の声にわたしは初めて恐怖を感じた。

「奴の眼を見て、静かに後ずさりをしてジープに戻るんだ」

怒りを抑えたサリー氏の声に、わたしはとんでもないことをした！　と自覚した。そろりそろりとジープまでたどり着くと、ドキュメンタリージャパンの精悍《せいかん》な山崎裕カメラマンが、長い腕を出してわたしを引き上げてくれた。

「無茶をやりますね」

「ライオンと入れ込みのカットがあったらいいと思ったのよ」

「撮りましたよ。ジープを降りずにね」

彼は唇をひゅんと曲げてわたしの無鉄砲を笑った。

娘が、涙をためてわたしに駆け寄ってきた。

「大丈夫よ、心配しないで」

「ママンのことなんか心配してない！」

「えっ？」

「ママンのとんでもない行動で、あのライオンは殺されるところだったのよ！

サリーさんと二人のガードマンが銃を構えていたのよ。ライオンが一歩でもママンに近寄ったら、三発の銃弾があの哀れなはぐれライオンの命を奪っていたのよ」

そのライオンはさげすむような視線をわたしに残したまま、くるりと向きを変え、のっそりと森の中へ歩き去っていった。わたしは自分を罵《ののし》った。どうして、咄嗟《とっさ》に動く前に、冷静な判断をすることが出来ないのか！

大学の春休みが終わるので、娘はシジミと二人で、ハムシーン(砂嵐)のはしりなのか風の巻き上がる宙空へ、小さなヘリコプターに揺られながら、パリへ帰っていった。わたしは心《しん》からほっとした。

エジプトはナイルの賜《たまもの》とヘロドトスに言わしめたナイルは途轍《とてつ》もなく偉大だった。

流域に暮らす人々の、何かにつけて悠揚迫らぬ生きる姿に感動した。わたしはナイル流域のこの時代の不安定な政情をメモし、カラシニコフを構えた兵士たちの検問をくぐった。赤土の悪道には、たわわに実ったマンゴーの樹《き》が連なってはいたが……。

白ナイルと青ナイルが合流するスーダンの首都ハルツームの市場では、飢餓状態で通路に横たわる老人や子供たち。その顔にへばりつく青蠅。

かたや、ヌビア砂漠では、小高い金色の砂丘の中にぽつねんと佇《たたず》んでいる、六、七歳の少女がいた。穴が開き、よれよれの襤褸《ぼろ》を着て、子猫を抱いていた。着ている襤褸は金色だった。金色はこのあたりでは大地に溶けるいちばん地味な保護色なのだった。少女は煙ったような大きな眼を見開いて、遠くを行く二頭のラクダを見ていた。高く積まれた荷駄を背負わされて、シャンシャンと行く。どこから来て、どこへ行くのか、誘導する人間もいなかった。わたしたちのロケバスとすれ違っても、何の気配も感じないように、砂煙の中を遠のき、やがてその砂煙のうずまく大気の中へとっぷりと消えていった。その大気には、貧しさと、誇りと、幾ばくかの狡猾《こうかつ》さが混ざり合い、遥《はる》かの世紀を渡り歩いてきた撓《しな》いの利いた底力があった。

ナパタ遺跡を見るために、カレイマ村というこんもりと高い黄金色の村へ行った。周囲一面にナツメヤシが群生していた。沈みゆく夕陽《ゆうひ》を背負って立った五、六人の素晴らしく姿のいい女性たちがいた。深紅や紫それぞれ原色の、ガラビアという布から透けて見える褐色の裸体が美しい。

このあたりに住む人たちが食べられる肉は、たまに老衰死したラクダや猛獣にありつくだけ。ナツメヤシの実を食べて贅肉《ぜいにく》など微塵《みじん》もない。ないものはないあるものを感謝を籠《こ》めて享《う》ける、という、ゆったりとした謙虚さは素晴らしい。昼は灼熱の五十度、夜は零度以下に下がる過酷な環境で、二カ月近い撮影中お風呂《ふろ》にありつけたのはたった四回。髪の毛は砂の粒子で櫛《くし》が通らず、肌はカサカサにひび割れた。けれどわたしの心の芯《しん》のようなものが、それまでのわたしを蹴散《けち》らし、頑丈で分厚い熱気のあるしたたかな気配に入れ替わった。映画というフィクションの世界から、わたしはノンフィクションの世界に迷い込んだのだと思う。

TVはナイルの美しさとサヴァンナに棲息《せいそく》する野生獣の群れのみを描いた。ヒットした番組だったが、わたしはわたしの見たアフリカ奥地を、イランと合わせて『砂の界《くに》へ』(文藝春秋、一九八六)というルポルタージュ・エッセイにした。パリのテロに端を発し、命を張った二年半であった。わたしは五十四歳になろうとしていた。

パリに帰ったある日、真っ黒に日焼けして、もともと豊かではなかった贅肉もこそげ落ちた骨と皮のような状態で、わたしたち母娘はアフリカ奥地ジュバの裸族たちの写真を整理していた。その中の一人、ディンカ族の酋長《しゅうちょう》の息子だという青年を指して娘が笑いながら言った。

「この人に結婚を申し込まれたのよ。ぼくの嫁さんになってくれたら、あんたのおふくろさんに角《つの》の立派な牛を五十頭あげるって」

「牛五十頭? 築四百年の我がサン・ルイ島のアパルトマンはペチャンコに潰《つぶ》れるわね」

笑いながら言ったものの、その黒人がかなりいい男だったので、ちょっと気になった。

「ふざけたんでしょうけど、傷つけるようなこと、言わなかったでしょうね」

娘は声をあげて笑った。

「ママンは極東の国のお姫様ね。ずいぶん単純だわ。牛糞を身体に塗り、牛のおしっこで顔を洗う「文明」の欠片《かけら》も身につけていないアフリカ奥地の人たちは、ママンが思うほど純粋でもないし、善人でもないのよ。彼らは生きるということにかけては、わたしたちよりずっと賢くてしたたかなのよ」

「ふーん」

娘はなおも言い募った。

「まだ成年にも達していない男の子たちの若い女を扱う手練手管はたいしたものよ。原始的な生活をしているから人間がきれいだと思うママンは、都会が作った小児病患者よ」

わたしは胸の中でつぶやいた。〈あなたは、世紀末が生んだシニカルな絶望と、捨てきれない神話への夢を食べて生きている、若いヨーロッパの女の子なのよ〉と。

奴隷の詩《うた》

思えば、わたしが初めてアフリカという強烈な大陸に触れたのは、たぶん二十代後半のことだったと思う。市川崑《いちかわこん》監督作品『黒い十人の女』(一九六一)の撮影が終わったわたしを、パリへは寄らずに、直接アフリカの、当時は数少ない先進国並みと言われていたセネガルに呼び寄せてくれたのは、夫イヴ・シァンピだった。「好奇心の強い惠子にヨーロッパや中東、特にアフリカを見せたい」と言った彼の、有言実行だったのだ。わたしがイヴ・シァンピの作品に触れたのも、『悪の決算』というアフリカがバックになった映画だった。

大映撮影所のきわめて日本的な風習や情緒から、いきなりギラギラとした灼熱のセネガルに着いて、わたしの心も身体もくらくらと揺らぎ、あっけらかんと宙に浮いた。日本からパリへ移行したときに感じたギャップは、あくまでも文化的なものだった。アフリカ、セネガルで受けた衝撃はもっと、実質的、肉体的なものだった。

飛行場を一歩出たところで、アタマがくらくらした。わたしたち二人を迎えたのは、タムタム（アフリカの太鼓）を叩《たた》き、歌い、踊り狂う、現地の人たちの歓迎の有様だった。夫イヴ・シァンピはアフリカに魅せられていた。それを頼みに、当時、文化大臣になっていた文豪、アンドレ・マルローがアフリカを近代化しようと試みた。マルローに心酔していた夫は、私的財産をはたいて、セネガルに映画産業を起こしたのだった。大統領に、詩人レオポール・サンゴールを戴《いただ》いてはいても、セネガルにはまだ野性が煌《きら》めいていた。「パリ・ダカール・ラリー」で知られるこの国は、今も、未開のサヴァンナ地帯が大半である。電気、ガス、水道もなく、木の根っこをかじって空腹を満たすような貧困が広がっていた。ただ民衆は明るかった。ほとんど裸の少年少女がわたしに群がり、長い髪の毛の引っ張り合いをして痛かった。

「ねえ、マダム、この毛どうして長いの？　本当に頭から生えているの？」

アフリカ黒人の髪の毛は、ちぢれて短い。黒い長髪は彼らの憧《あこが》れだった。疑わしそうに、毎日わたしの髪の毛を引っ張ったり、背中に飛びついたりした。子供たちは生き生きとして賑《にぎ》やかで、眼を輝かせて、ちょっと狡《こす》っからくもあった。映画の撮影には「つながり」というものがあると知って、わざとカメラの前で映り、翌日お腹が痛いと言って「お金をくれたら治るよ」と、狡《ずる》さも幼かった。

『自由一番街』。夫が監督・製作をしたセネガル初の映画撮影は、心底大変だった。そこここに乱立する三抱えもある大木バオバブの祠《ほこら》に神が宿ると信じている大衆が、近代化して自由一番街、二番街……と発展してゆく過程には、思いもしない弊害が降《ふ》って湧《わ》く。

ともあれ、セネガルでわたしが見た信じがたいエピソードを書き留めたい。それはこの撮影が終わったときだったか、その後再び訪れたときだったかの記憶は定かではない。セネガルの首都ダカールから小舟に乗って二十分くらいの位置に浮かぶ、「ゴレ島」という一部が断崖絶壁《だんがいぜっぺき》になった孤島がある。

「残念ながら、これが、セネガルが抱える負の遺産だ」と夫が言った、その小さな島の中心に「奴隷の館」と現地の人が言い、わたしが「残酷博物館」と名づける建物がある。

「黒い黄金」と言われたこの島は、十五世紀はじめから十九世紀初頭まで、奴隷の積み出し港だった。アフリカ奥地で捕らえられた奴隷が、赤く塗られた左右の階段に、男奴隷と女奴隷に分けて並べられ、品定めをされる。女は鏡一枚、男は酒樽《さかだる》一個で売られた。奴隷市が開かれるまでは四人一組で、鎖でつながれて暗く汚い牢屋《ろうや》のような収容所に捨て置かれる。鎖は母親の首から子供の首を絡めて両脚も繋《つな》がれている。収容所の分厚い壁に一カ所大きく開いたドアのない門がある。奴隷たちを運ぶ船が着く港なのだ。門扉《もんぴ》がないので、そこから逃れようとして海に飛び込んだとしても、鎖は解けない、鮫《さめ》はいる。よってここを「帰らざる扉」と呼ぶ。わたしは胸が塞《ふさ》がって、当時は廃止されていたその残酷博物館をよろよろと歩きながら、カメラのシャターを切ることはとても出来なかった。代わりに、今や世界遺産となっている人類の恥ともいうべき「奴隷の館」の入り口で売っている「赤い階段」と「帰らざる扉」の絵ハガキを、うしろめたい思いで買った。

世界的に有名になったセネガルの歌手、ユッスー・ンドゥールが、まだ十代の少年にしか見えない幼い顔で、「奴隷の館」の前で歌っていた。澄んだ歌声に怒りを込めて……。

歌詞を全部憶《おぼ》えていないので、記憶をたどってわたしが書いた。

人類さいしょの人間を大地に孕《はら》んだアフリカよ。ああ偉大で、ああかなしい奴隷産地のおれのアフリカ。

ブラック・アフリカには歴史がないなどと、白い人間が与太《よた》をほざく。黒い肌のおれたちの有史以前からの惨劇は、歴史とよんでもらうには、あんたらの心が痛むとでもいうように。あんたらの「歴史」には、ファラオのミイラやピラミッド、黄金《こがね》で飾った証拠が要る。おれらの黄金や城跡は砂漠が喰《く》ってしまったよ。灼《や》けつく太陽と、けだものよりも恐しい砂嵐《ハブーブ》が、なにもかもなしくずしに証拠湮滅《しょうこいんめつ》につとめたのさ。その砂漠の魔物にも湮滅できるはずのない、おれらのかなしみと屈辱を忘れ去ってはいけないぜ。

吸血鬼はみんな海からやって来た。甘くてやわらかいサトウキビの匂《にお》いのするおれらの血を、白人吸血鬼が吸いに来た。白いきれいな帆を立てて、ポルトガルや英国から、オランダやフランスから。泣いても叫んでも足かせ手かせの鎖や拷問。飢餓やマラリア、コレラやペスト。
極悪非道なアラビアの、奴隷商人が大挙して、おれらを売って倉建てた。ああアフリカよ、ああナイルよ。この水がおれらを救いおれらを恵み、そしておわりにおれらを奴隷として白人社会へ連れ出す船を運んでいった。白いきれいな帆を張って船はナイルを下っていった。

この歌詞をわたしは初めての小説『風が見ていた』の下巻に載せた。このときの衝撃が忘れられず、わたしは「ゴレ島」へ二度も行った。そして、奴隷たちの子孫が描いた、歴史を裏切るようなきれいな絵を今も自室に飾っている。

36 『砂の界《くに》へ』と日本の知識人

「常識ある知識人」

イランが掲げているイスラム革命というものに、わたしが感じていたわけの分からなさや不気味さ、もしかしたら世界中の人に誤解されているかも知れないこの国の孤立無援の一徹さを、わたしなりに見た。二度目のイラン行きは、文字通り命の危険を冒しての、イラン空爆下の自費取材だった。

「岸惠子イランをゆく」は月刊誌『文藝春秋』に連載された。それに続いて「岸惠子アフリカをゆく」を連載してくれた当時の堤堯《つつみぎょう》編集長は「編集部の連中が、岸惠子って文章うめえなあ、と感心してますよ」と言ってくれたが、それらを本に纏《まと》めたタイトルを見て大反対した。

「これからクソ暑い夏が来るというのに、なにが「砂の国」だ！　売れませんよ。こんなタイトル！」

「国じゃなくて、界《くに》です。世界の界」

「誰も読めないよ、そんな字。世界の界か、「さかい」としか読めない。間違いだよ」

「わたしが愛読している北畠《きたばたけ》八穂《やお》さんも「界」を「くに」として使っているのよ。砂漠に国境線を引くなんて無意味なの。砂のひろがりがあるだけなの。羊飼いの少年が羊を追って、見えない国境を越えたと言って、牢屋《ろうや》にぶち込んだりするのよ。意味はあるんです！」

とわたしは今思えば愚かな御託を並べた。大好きで今も尊敬している堤堯編集長は、曲げてわたしの無茶苦茶な強情を通してくれた。

それはわたしが間違いで、堤堯編集長が正しかったのだ。わたしは数こそ少ないけれど、出版した本のほとんどが十万部を超えている。タイトルが悪かったのか、『砂の界へ』はそこまで行かなかったと思う。まことに残念。

『砂の界へ』が本屋さんに並んだのは一九八六年の六月三十日である。八月三十一日の『朝日新聞』に「私の紙面批評」という五段抜きのコラムを書いたのは、山本明という大学教授だった。学者先生が力説なさっていることをかいつまむと、「新聞の読書欄にとり上げること自体が推薦の意味を持ってしまう。八月二十五日付読書欄の「話題のほん」で、岸惠子著の『砂の界へ』を匿名氏がとりあげている。私はこの本を読んでいないけれど、「十代で戦死した少年」はイランだけではなく、太平洋戦争中の日本にもアメリカにもいたし、ヴェトナム戦争でもいたのにと反感を持つ。こうした紹介文ないしは称賛文は一考を要する。新聞読者にとって、読書欄は本を選ぶ手だてになるものだ。岸惠子氏の本を、私は買おうとは思わない」

「読んでから言え！」

血が逆流するような怒りの中で、わたしは大声で怒鳴った。この文章の中で、評者は各新聞の読書欄を読んで選んだ三冊の本の題名を上げている。「この三冊が価値ある本かどうか、私は知らない。しかし、紹介文は思いこみのない文章で、私には優れた本のように思えた」と結んでいる。

評者はもう一度、著者であるわたしへの批判ではなく、それを紹介する仕方への批判であると明記している。評者が問題とする匿名氏の『砂の界へ』の書評は、称賛してくれたが、そこには曖昧《あいまい》さも思い込みもなかった。よく読み込んでくれた、とわたしは感心した、いい書評だった。

思うに、本を選ぶ手だてとなる読書欄に、女優が書いた、しかもイランやアフリカのルポルタージュ・エッセイを取り上げるなんて！　という偏見と蔑視《べっし》を感じて、わたしは寒々とした。出版して間もない作品を読みもしないで、こっぴどいダメージを与える傲慢《ごうまん》な学者に、おそろしい嫌悪感を持った。仄聞《そくぶん》したところ、評者は大変いい人で、常識ある知識人だという。わたしは世間にそうした風評を持ち、

デルフィーヌが装幀した『砂の界へ』(朝日文庫，1999)

高い地位にいる「常識ある立派な知識人」にときおり否めない胡散臭《うさんくさ》さをかぎ取ってしまう。固定観念と偏見、差別意識に侵されている場合が少なくない、と思うのだ。

その記事から二、三日後、そうした「立派な地位にある」一人の男性から電話が入った。

「ややや、しばらく! 今聞いたんだけどさ、あんたの書いた『砂の界へ』、どっかの学者にケチを付けられたんだって? ぼくは行動する人間で本は読まないんだがね、無理もないよ。女優ごときがイランの政治を書くなんて、ちゃんとした学者が読めばだね、そりゃあ、おちょくられても仕方ないところがあるわな」

「その学者サマ読んでいないのです」

「うわはっは。そりゃ乱暴だね。昨今、学者も雑駁《ざっぱく》になってるからね。闇夜《やみよ》の辻斬《つじぎ》りってとこだね」

「白昼の辻斬りですね。学者先生は署名入り、写真付きですから。それにわたしは政治のことなんか書いていません。イランやアフリカで見たこと、感じたことを書いた、誰にも書けないような、すごくいいルポルタージュ・エッセイです！」

とわたしは威張ってみた。

「あんたね」と電話の主《ぬし》が続けた。

「あんた女優だろ、TVドラマでも書いてりゃいいんだよ。イランやアフリカのことを書くなら、ちゃんとした知識を持たなきゃいかんよ。知識だよ、知識。岸クン」

はじめから、知識なんぞがあるならば、行かない、書かない、興味ない！と胸の中で毒づいた。

「惜しいことしたなあ、言ってくれりゃあ、ぼくは中東問題研究所の○○君ね、懇意なんだよ。アフリカにしてもね、△△君ね、ほれ息子が外務省の××君ね……」

と、ひとしきり、家柄、学閥、社会的地位の羅列が続いた。

「言ってくれれば、みんな紹介してあげたのに。そういう権威者の後ろ盾をもらって箔《はく》を付けなきゃダメだよ。箔を！」

わたしは持てん限りの早口で言った。

「「箔」の「はく」とは「軽薄」の「薄」でもありましょか」

「えっ？　聞こえなかったけど、ま、何でも相談してよ、わっはっはっは」

と笑って電話は切れた。

その何年か前、日航のラウンジで、あたりはばからず割れるような大声で電話をしていた中年の男性がいた。その内容も、自身の地位や権力をひけらかすようなもので、奥さんと思われる相手への命令調の指示は聞くに堪《た》えないものだった。電話室があるのに、わざわざ人の溢《あふ》れたラウンジで、聞こえよがしに大声を出すとは……もしやもし、こんな人が隣の席に来たら堪《たま》らないな、と思ったら、その「もしや」が当たってしまい、一番前の席の窓側にその御仁、わたしは通路側だった。

人懐《ひとなつ》こい性分らしく、すぐに話しかけてきた。内容は忘れてしまったが人のよさがにじんでいた。が、終始自慢話だけだった。

「パリのあとはモスクワですよ。安倍《あべ》くんとモスクワに行かにゃならんのですよ」

安倍くん？　時代的に言ってそれは、安倍晋三氏の父君、安倍晋太郎外務大臣のことだろうと思い、見ると胸に議員バッジを付けていた。くん付けで呼んでいる当の大臣の前へ出たら畏《かしこ》まっているにちがいない、と思っておかしかった。その彼が、電話の主である。その人とはその後また偶然に、なにかのパーティーで会ったのだが、いい人振りはよく分かった。

時代が変わった今のことは知らないが、当時の日本にはこういう「いい人」が幅を利かせていた。そのころのわたしには、映画界や出版界を除いて、真に優れて社会的に認められた人との付き合いがなかったことも確かだったかも知れない。

美智子さまに招かれて

新聞記事の顚末《てんまつ》から、十年ほどが経《た》った一九九〇年代の中ごろ、夜晩《よるおそ》い時間に電話が鳴った。自室の電話を夜は切っておくのに、忘れた自分を恨みながら、寝乱れた姿でひどく不愛想な声を出した。

「どなたさま？」

「夜分遅くに失礼いたします。御所の女官長でございます」

〈ゴショ？　ニョカンチョウ？〉

寝ぼけたアタマは何のことか分からなかった。

「皇后さまが、岸惠子さまとお話をされたいと仰せられていらっしゃいます。今、皇后さまと替わってもよろしゅうございますでしょうか」

吃驚《びっくり》した。飛び上がるほど慌てふためき、ベッドの真ん中に正座をして畏まった。

こうしてわたしは九月半ばの晴れた日に、美智子さまと二人だけのお昼食の御招待をいただいた。

「乾《いぬい》の御門からいらしてくださいませ」

上品で美しい声で女官長さんに言われても、「乾の御門」にどうすれば行き着けるのか分からなかった。約束の二日ほど前、方向オンチのわたしが一人でロケハンに行って、御所の周りを何回廻《まわ》っても分からなかった。結局、御門の近くに立っていた警備の方から教えてもらった。

当日、美智子さまにはお好きと聞いた野花の花束を、女官長には白いカサブランカの花束を載せて、ハンドルを握った。失礼のないようにと、三十分以上も前に着いてしまった。「乾の御門」前の玉砂利の隅っこに車を停めていたら、門衛さんが走って来て、御所の駐車場に案内してくれた。

暑い日だった。冷房のきいた車内に、カサブランカの匂いが立ち込めてふらふらしてきた。窓を開けたくても、御所の森は環境がいいのか、鬱蒼《うっそう》とした樹々《きぎ》におおわれた駐車場には大きな烏《からす》が飛び交っている。その中の一羽がフロントガラスに止まり、首を傾《かし》げてばかにしたようにわたしを覗《のぞ》き込んでいる。ヒッチコックの映画『鳥』(一九六三)以来、わたしは鳥が大の苦手である。車を出た途端に、大きな烏が襲いかかるにちがいないと怯《おび》えていたら、一人の男性がこれも走って来てくれた。

「どうぞ、そのままお車をお玄関の前にお停めくださ い。皇后さまはもうお待ちでいらっしゃいます」

ちぢみ上がっていたわたしはほっとした。

美智子さまは美しかった。広い玄関続きの廊下に、お一人で立っていらした。お伴も、女官長さんの姿もなく、ゆるりとお一人でほほ笑んでいらした。白っぽい帯を形よく結ばれた紺色の大島の襟元から、匂《にお》いたつような滑らかさで、ほっそりとした首が華やいで美しかった。

庭に面したそれほど広くはない部屋で、三重になった折箱のお食事をいただいた。派手派手しくはなく、簡素でとても美味《おい》しいお食事だった。

「恵子さんは、わたくしより二つ上のお姉さまなのよ」

何気ないそのお言葉で、わたしの緊張感がほぐれて、ひどくリラックスしてしまった。美智子さまのお人柄を感じながら、同世代の女性として世の中のさまざまを語り合えたように思う。

四分の一世紀も経ってしまった今、美智子さまのお言葉を正確には伝えることが出来ない。わたしの記憶に残っている感動の瞬間を刻みたいと思う。

「これから書かれる御本を送ってくださる？　公務が忙しいので、読んでほしいという順番を記してくださると嬉《うれ》しいわ」

お言葉に甘えて『三〇年の物語』と『ベラルーシの林檎《りんご》』をお届けしたように思う。

わたしは皇室物語や王家物語に熱心ではないし、庶民生活のほうに興味が傾いてしまう。美智子さまのお人柄に惹《ひ》かれたのは、このお食事会の数年も前のことだった。

両陛下がパリへいらしたとき、日本大使館で催された歓迎パーティーの席で、わたしは目立たないように隅っこに佇《たたず》んでいた。そのわたしに陛下が歩み寄っていらして、親し気にお言葉をかけてくださったのだった。

「前田陽一先生から、あなたのフランス語の進化が素晴らしいと聞いていますよ」

そのとき美智子さまも寄ってこられた。

「三番目の出来の悪い生徒がわたくしでございます」

前田先生が、個人教授をなさっているのは、三人だけ、ということは聞いていた。わたしは感動した。両陛下と御一緒に愛弟子《まなでし》であったということではなく、お言葉をかけられたことでもなく、お二人のあまりにも自然で、さりげない御様子に感動したのである。

御所でのお食事のあと、よもやま話の折にも、美智子さまの深い教養と知性を感じたけれど、それはお言葉の中には現れず、さりげない佇まいの中にあっさりとひそまれていた。

忘れられないエピソードがある。不敬、と謗《そし》られても仕方のないことを、敢《あ》えて述べたい。

美智子さまが陛下と御婚約される前後に、軽井沢でテニスを楽しまれたことは周知のこと。その折、毎年美智子さまを慕い、すっかり懐《なつ》いて寄り添ってくる可愛《かわい》らしい金髪の少女がいた。御婚約の年(だったと思う)、テニスコートに駆け寄ってくるはずの少女の姿がなかった。美智子さまは不思議に思われた。

宮中にお入りになる前に、お母さまと御一緒に、民間人としては最後になる昼食を、横浜の山下公園前のホテルニューグランドでおとりになった。お食事のあと、港の見える丘公園まで散歩されて、山手にある「外人墓地」へお寄りになった。

このあたりからわたしは全身に鳥肌が浮いてくるような気がした。それは何十年となく続いている、わたしと同じ散歩道でもあったから。

そして、墓地を散策されて、すこし離れたところにある墓標を見て〝はっ〟となさった。真新しい墓石に掲げられた可愛らしい女の子の写真は、軽井沢のテニスコートに来なかった、あの少女であった。

なぜほかのお墓と離れて隔離されたような場所にあるのかと墓守に訊《き》くと、「ユダヤ人の墓所」は特別な区画にすることになっていたのだとか……。

わたしはめまいがした。胸に鮮やかな一人の少女の姿が浮かび上がってきた。横浜の山下公園で、金髪の巻き毛を風に散らして、海をバックにわたしと従妹《いとこ》たちがまわす縄跳びの輪の中で跳び上がっていたあの少女である。太平洋戦争が始まる前に、日本から去らねばならなかったのだろう。青く澄んだ眼で真っ直《まっす》ぐにわたしを見て呟《つぶや》いた。「ありがと……」と言ってうつむき「さよなら……」と重ねた声が小さく震えていた。

美智子さまの語られる少女と、海の中へ溶けるようにいなくなったあの少女が、淡い炎のようにわたしの胸に揺らめいた。この個人的な妄想を美智子さまへ告げるような非礼はしなかった。

よもやま話が終わり、胸に温かいものをいただいてお部屋を出ると、廊下の目立つ場所に、わたしが差し上げた野花が大きな花瓶に活《い》けてあった。一抱えもある野花の、それぞれの名前を美智子さまは教えてくださった。華道の師範の資格まであるわたしが全く知らない世界だった。ひと房の野花を指して言われたお言葉に、また驚いてしまった。

「これは、関東平野にはない野花なのよ。お花屋さん、苦労して集めてくださったと思うの」

自分の無粋を恥じながらお別れしたわたしを、このときもたったお一人で見送ってくださった。

大島の和服をお召しになって、車が御所の曲がり角に消えるまで、手を振り、見送ってくださったお姿が清々《すがすが》しく美しかった……。

後日、山手の外人墓地で聞いたところ、墓所を決めるのはあくまでも手続きをする人の自由とのこと。

丘の下方に「ダヴィデの星」という区画を作って、ユダヤ人だけの墓所にしたのは、当時のユダヤ社会の有力者、ウィトコフスキーという人で、自費で造成したものだとか。

宗教宗派が同じで、親しい同国人が同じ区画に埋葬されることを望むのは、自然の人情かも知れない。ユダヤ人を差別する意図は全くなかった、と知ってほっとするわたしは、過剰に神経質になっているのだと思った。

37　NHK・BSのパリキャスター

「「家族ごっこ」はやめましょう」

わたしがパリ・NHK衛星放送(現在のBS)の初代キャスターに選ばれたのは一九八七年七月だった。選んでくれたのは当時三十代半ばだった佐藤寿美《さとうとしみ》さん。精悍《せいかん》で、いい男で、嘱望されていたし、人気者だった。

「オレはNHKのアラン・ドロンか、カダフィーか……」などと平気で嘯《うそぶ》いていた(のちに許されざる独裁者になり、みっともない最期で笑い者に朽ちた、リビアのカダフィーは、その容姿と、国主となっても「大佐」を固持したことで、当時はヘンな人気があった)。

佐藤寿美さんとは、パリコレにちなんで、モードに関するドキュメンタリーのリポーター役をして息が合っていた。ところが岸惠子キャスターにおおいに疑問を持った人がいた。NHKヨーロッパ総局長漆間汎《うるまひろし》さんだった。

「『君の名は』で人気があるのはいいけれど、台詞《せりふ》は言えても、自分の言葉で語ることが出来るのかな？」

〈きゃッ！　三十五年も前の『君の名は』の真知子さんにまだ祟《たた》られているのッ！　よしッ！　採用試験を受ける〉わたしは欠点だらけの人間だけれど、ま、いいところもある。その特徴的なものが、我慢強さ、平たく言えばへこたれなさと順応性だと思っている。もひとつ言えば、使い物にならないほど傷《いた》んではきたけれど、ときおりひょっこりと、まだらに顔を出す記憶力。

その日、一緒に試験を受けたのは、その後エッセイストとしても名を馳《は》せた浅野素女《あさのもとめ》さんという才女だった。彼女は英語もフランス語も、完璧度《かんぺきど》から言えば群を抜いていた。

初対面の漆間総局長は、ざっくばらんな態度とジャーナリストとしての鋭い光を眼に秘めた五十がらみの人だった。

小部屋に、佐藤さんを交えた四人が、かなり微妙な佇《たたず》まいで沈黙していた。それを破ったのは漆間さんだった。

「岸惠子さん。大変失礼しました。ぼくは女優さんとしてのあなたしか知りませんでした」

テーブルにエッセイ賞をいただいた、わたしの初めてのエッセイ集『巴里《パリ》の空はあかね雲』と『砂の界《くに》へ』が置いてあった。

『巴里の空はあかね雲』はよく売れて文庫本にもなっている。『砂の界へ』も面白い！」

佐藤寿美さんは、さながらわたしのマネージャーのような口ぶりで言い募ってくれた。

「読んだよ。全部」

漆間さんがゴメン、ゴメンと笑って、採用試験は終わった。

こうしてわたしは素女さんと組み、一九八七年七月から、ＮＨＫヨーロッパ総局がパリからロンドンへ移るまでの三年弱、毎土曜日に、パリ発『ウィークエンド・パリ』のキャスターになった。スタッフには優秀なNHKのメンバーがいたが、一時間の内容は素女さんとわたしの双肩に掛かっていた。

局長の要望で、初めの十分間は週のヨーロッパやパリのニュースをわたし流に纏《まと》めて語る。この役割には興奮した。新聞や各局のニュースが画一的だったのを破って、私的意見を挟むことに漆間さんは寛容だった。

ノートルダム大聖堂の前で

東京に帰ったとき、のちにNHK会長となる、「シマゲジさん(島桂次)」(この呼び方の由来は知らない)に言われた。

「思いっきりやってください。口は出さないかわりに、金も出さない」

それはキチンと守られた。草創期のBSは貧乏で、ヨーロッパ総局は今のように立派なビルではなく、エッフェル塔に近い七区のお屋敷町にリヴィングを借りての生放送だった。

ニュースのあと、日仏間の「時の人」をインタヴューした。わずかなギャラしか払えなかったので、もっぱら政治家や文化人にしぼった。

日本側のお客様は、佐藤寿美さんや素女さんが斡旋《あっせん》してくれたが、フランスの知名人は、わたしの知己が役に立った。

元大統領のジスカールデスタン、「国境なき医師団」の創設者クシュネル医師、イヴ・モンタンまで喜んで出演してくれた。が、問題もあった。生放送なので、字幕スーパーが入らない。話題が盛り上がってきたところで、相手を遮《さえぎ》り、わたしがその場で通訳をした。わたしの日本語が長いと相手は白けてしまう。

相手の面白い話を聞きながら、そそくさとアタマの中で編集をして、短く的確な日本語にする。当然、舌を噛《か》みそうになったり、トチったりもする。緊張しがいがあって、これは好評だった。ある日、佐藤寿美さんが提案した。

「番組の冒頭に、一、三分ぐらいの岸惠子のコメントを入れよう。あなた文章うまいしさ。お得意の七・五調で、トチリ無しでいきましょう。折角の七・五調もトチリ混ざりじゃカタなしだからね。自分が書いた文章をトチるってのは、岸惠子の特殊能力なのかな」

寿美さんはわたしを上げたり、下げたりするのが面白そうだった。でも、コメントのアイディアはわたしにやる気を倍増してくれた。草創期のBSは特別なアンテナ設置が必要で、それが三十五万円と高価だった。視聴者はごくわずかだったと思うが、わたしには最高・最適の仕事だった。

企画から編集まで、我がアパルトマンをフルに使って仕事をした。毎日が楽しく、この時期わたしは生き生きとしていた。

ある日、大事な仕事が一段落してぐっすり眠ったわたしは、豪勢なブランチを作って、ドア一枚で繋《つな》がっている娘を呼び出した。

「美味《おい》しいブランチを作ったのよ。たまには一緒に食べましょう」

娘は大きな瞳《ひとみ》で、じっとわたしを見つめた。

「たまに思い付く「家族ごっこ」はやめましょう。わたしはいつも一人でコーヒーを飲むことに慣れてしまったの」

さらっと笑って、テーブルに飾り付けたブランチを一瞥《いちべつ》もせずにドアの向こうへ消えた娘を見て、わたしは呆然《ぼうぜん》として立ちすくんだ。仕事に夢中になりすぎて、この世で一番大事な娘を、ほったらかしにした不埒《ふらち》な母親であったことに気づいて愕然《がくぜん》とした。

胸がささくれたように痛かった。

娘はソルボンヌ大学を卒業して、東洋言語文化大学で日本の古典を勉強していた。初めての試験のとき、漢字にフリガナをつける問題があった。「北方領土四島にルビを付けよ」という難問。歯舞《はぼまい》、色丹《しこたん》、国後《くなしり》、択捉《えとろふ》。正解者は少なかったと思う。

また、娘は「縁側《えんがわ》」に「エンソク」とフリガナを付け、「畳」を「疊」と旧漢字で書いて×を付けられた。「縁側」を「エンソク」と読んだのは間違いではあるが、「側」をよくぞ「ソク」と読めたと思った。古典をやっている娘が、「畳」を「疊」と書いてしまったことにまで×を付けるのはよろしくないと、学長に会いに行った。鶴《つる》のようにほっそりとして、品のいい高齢のフランス人学長にやわらかく抗議をした。彼は恐縮して、やたらとわたしに敬語や丁寧語を連発した。

そのころのわたしは、フランス映画やTVにも出て顔を知られていた。照れ笑いを隠しながら、「まどろっこしい丁寧語はおやめになったほうが日本語はすっきりします」とまで言って、学長をますます恐縮させてしまった。

当時、日本はまさにバブル絶頂期だった。日本での就職を求める日本語学科の希望者が多すぎて、試験には故意に難問を出して振り落としているとのことだった。娘のように、現代会話を選ばず、『竹取物語』や「「大化の改新」のテキスト」と取り組んでいる非効率的な学生は少ないとのことだった。

パレスチナとイスラエルの抗争

「「家族ごっこ」はやめましょう」と言った娘の言葉に途切れてしまったNHK・BSの話に戻りたい。

年が明けて、ケンカ混じりの良き相棒だった佐藤寿美さんが日本へ転勤になり、パリからいなくなった。

その少し前から、NHKは、お屋敷町に借りていた狭苦しいリヴィング・スタジオを去り、モンパルナスに聳《そび》える高層ビルの五階に、ヨーロッパ総局の面目が果たせる体裁を整えていた。

その年、一九八八年の四月、「イスラエル建国四十周年記念」が巡ってきた。局内では当然、イスラエル・ルポが話題となった。

「あなたがユダヤ・イスラエルに興味を持っているのは分かっているけれど、危険がないわけではないので……」

と言ってくれる漆間局長に、わたしは必死でイスラエル・リポーターを志願した。快諾してくれたうえに、乏《とぼ》しい予算を工面して、現地ロケハンまでさせてくれた。これが事実上、映画というフィクションの世界から、日替わりで蠢《うごめ》く地球上の有様に触れ得るノンフィクションの世界へのわたしの引っ越しだった。

「映画」はわたしの夢であり、そこに息づくことはわたしの理想でもある。ただ、この時期、「芸」だけに生きることは、心に虚《うつ》ろが宿った。無念さはあったが、映画、ドラマなど一切を断って、ジャーナリズムに没頭した。

イスラエル、テルアヴィヴ飛行場での入国審査は途方もなく長かった。テヘランで経験済みだったが、五、六人の尋問者が入れ替わり立ち替わり現れて、全く同じ質問を繰り返す。こちらの答えがちょっとでも違うと大変なことになる。最後に出てきた女性審査官が、パスポートとわたしの顔を見比べて、とんでもないことを言った。

「嘘《うそ》をついていますね。二十歳ぐらいサバを読んでいるでしょう。どう見ても三十五歳以上には見えない！」

同じ質問に何度も同じ答えを繰り返して、我慢の緒が切れたわたしは爆発した。

「わたくし正真正銘の五十五歳です。どこの世界に二十歳も年上にサバを読む人がいるんですか！」

ロンドン支局から同行してくれた堀川淳ディレクターがわたしの腕を引っ張った。

「意見は禁物です。訊《き》かれたことだけに答えてください」

ヴェテランの堀川さんの説得で鎮めた心に浮かんできたのは、一九七二年五月に、のちに「日本赤軍派」と呼ばれた中の、日本の若者三人が決行したテルアヴィヴ空港銃乱射事件だった。乗客二十六人を殺害。七十三人もの重軽傷者を出した。

テロリストが一般市民を襲撃したことは、前代未聞のスキャンダルとして世界中から非難を浴びた。しかも、この襲撃は「パレスチナ解放人民戦線」の計画だった。宿痾《しゅくあ》と言われる《パレスチナ・イスラエル間の抗争》に関係もない日本人が、なぜ残虐非道なテロ襲撃を実行したのか、世界中が衝撃を受けた。わたし自身ひどいショックを受けたのをまざまざと思い出した。事件から十六年経《た》ってはいたが、空港入国審査の係員が日本人の入国に神経質になるのは当然と思った。

ルポ・スタッフの日本人は、パリからわたしと素女さん、ロンドンからディレクターの堀川さん、現地のヘブライ大学で教授をしている、ちょっとユニークな笈川博一《おいかわひろかず》さんだった。その笈川さんがコーディネーター兼通訳をしてくれた。あとのスタッフはすべて現地の人だった。

ヨルダン川西岸の「デヘイシャ・パレスチナ難民キャンプ」に足を踏み入れるなり、まだ小さい男の子が、マイクを持ったわたしの胸に棒を突き付けた。

「これはバズーカだ。ぼくはフェダイン(ゲリラ)だ！」

《敵は通さず》というような迫力に、わたしは跪《ひざまず》いて少年の手を取った。

「わたしたちは日本という遠い国から、高い金網で囲まれているあなたたちの様子を伝えようとやってきたのよ。敵ではないのよ」

笈川さんが、ヘブライ語だかアラビア語だかで、面白く通訳してくれたらしい。山のように集まって来たパレスチナ難民の輪が崩れて笑いが起こった。

その様子を丘の上から見ていた、銃を構えたイスラエル兵が四、五人駆けおりてきて、撮影許可を取らないで難民キャンプに入ったと言って、肝心のカメラを奪ってしまった。

何ということだろう。デヘイシャ・キャンプの住人は、高い金網塀で囲まれ、出入り口は一カ所だけ、水道があるのは塀の外だった。かなり広いキャンプの隅つこに住む難民は、水を汲《く》むのにもわざわざその出入り口を通らなければならない。そのうえ常にイスラエル兵に監視されているのだ。

そのとき、わたしは足に裂けるような痛みを感じてよろめいた。カメラを取り上げたイスラエル兵に、誰かが投げた尖《とが》った石が逸《そ》れて、わたしの脛《すね》に当たったのだった。パレスチナ難民は優しかった。わあぁ！と集まって、汚れた布を出して流れ出した血を拭《ぬぐ》ってくれた。

笠川さんと堀川さんがカメラを取り戻す交渉をしている間に、わたしはイスラエル兵にインタヴューした。

彼らとて、難民キャンプを四六時中監視するのは辛《つら》いし、高い金網も酷《ひど》いと思っている。けれど、金網がないときは、容赦なく「インティファーダ(蜂起《ほうき》)」を名乗るキャンプの住人が投げつける石のつぶてで参った、と。

「もうたくさんだ。投石は恐怖です。かと言って、彼らに催涙弾を撃つのも本当にいやです。お互いにもう憎み合うのはうんざりです」

カメラを取り戻したわたしたちスタッフがキャンプを追われて去るのを、少年たちがVサインをかざして見送ってくれた。波のように揺れるVサインの中に笑みはなかった。日本の子供はカメラを向けるとVサインを振り、にっこり笑って「ピース」という。難民キャンプの子供たちのVサインはピースではない。ピースの前に勝ち取らなければならないVICTOIRE《ヴィクトワール》(勝利)のVなのである。

別の日、建国記念日に沸くイスラエルに対する怨嗟《えんさ》で、古タイヤを燃やして、青空を黒煙で焦がしているパレスチナのガザ地区に入った。イスラエルナンバーでは危険すぎると言う笈川さんがレンタカーを探したが、なぜか、一台もなかった。仕方なく、そのまま狭い登り坂を進んだわたしたちの車は、坂のど真ん中で、上から来る大きなトラックと下から登って来たトラックの挟み撃ちに遭った。動きがとれずに助手席の窓から身を乗り出していたわたしが、慌てて窓ガラスを閉める途中、わたしの眉間《みけん》を狙《ねら》って投げられた石が、閉まり切っていない窓ガラスに当たって砕けた。笈川さんが飛び出して大声で叫んだ。

「我々は日本人！ イスラエル人じゃない」と言ったのか……。

群衆にざわめきが起こり、石を投げたらしい少年が、泥まみれの裸足《はだし》の足をこすり合わせて、わたしを見つめた。その瞳がすまなそうにうろついた。

わたしは恐怖と感動で、今でもあの瞬間を忘れることは出来ない。少年の汚れた素足と、あの瞳を……。

二〇一七年九月に上梓《じょうし》した短篇集『愛のかたち』（文藝春秋）の中の「南の島から来た男」という小説に、その模様を短く書いた。二〇二一年二月、文庫版にもなったが、アイヌ民族、ウチナーンチュ（沖縄人）という素晴らしい歴史を持った人々以外、ほぼ単一民族に近いと思われている日本の読者には、視線をもう少し上げて世界を見てほしい。行き場もなく、放浪するロヒンギャの子供たち。十年も続いている内戦で命を落とすシリアの難民たち！

わたしがこれら内戦の犠牲者や、差別と偏見による憎悪と蔑視《べっし》に、震えるほど反応してしまうのは、人生を歩きながら遭遇したさまざまな事件が関わっていると思う。

わたしが生まれ育った昭和前期の日本は、太平洋戦争という不幸はあったが、人種問題や宗教問題には特別な関心を寄せることもない、平穏な東海の島国だった。

その故郷を出奔してはるばるとやって来た、初夏のうららかなパリの靴屋で、連れのパリっ子が放った罵声《ばせい》。

「汚いユダヤ人！」

「ちなみにわたしもイスラエル人なのよ」と言った、そのとき一緒にいたニコール。

そのニコールはフランスを、ひいては世界を二分した「ドレフュス事件」の被害者、アルフレッド・ドレフュスの孫であった。ユダヤ人だからこそ科せられた機密漏洩《きみつろうえい》・冤罪事件《えんざいじけん》の裁判を傍聴していた、ハンガリーはブダペスト出身の、ユダヤ人ジャーナリスト、テオドール・ヘルツルが、失われた祖国イスラエルを取り戻そうと、《シオンへ帰れ》という「シオニズム運動」を起こした。

この運動のお蔭《かげ》で、「ユダヤ・イスラエル共和国」という独立国家が、一九四八年に建国されたのだった。

軍部の反ユダヤ主義の犠牲となり、冤罪と人権抑圧の憂き目にあった、ニコールの祖父ドレフュス大尉は、祖国設立の原因になった人であり、ヘルツルは、「イスラエル建国の父」とされる人である。

わたしはロケハンに同行するようにニコールを誘った。彼女は首を横に振った。

「どうして？ おじいさまの犠牲で、再建された祖国を見たくないの？」

ニコールは長いこと黙ってから、小さな声で言った。

「あなたには分からないわ。ユダヤ人になったことのないあなたには。お誘いは嬉《うれ》しいけれど、あの「嘆きの壁」でわたしは何を思えばいいの？」

わたしは浅慮な自分を恥じた。

彼女の両親も、その夫の両親も、ユダヤ人であることでナチス・ドイツの毒牙《どくが》に掛かり、アウシュヴィッツで惨殺されていたのだった。

「パレスチナ難民のことはどう思えばいいの……」と最後に呟《つぶや》くように言った彼女の独り言めいた言葉が胸に刺さった。

ニコールの重たい思いを秘めてわたしは「イスラエル」をリポートし、全篇のコメントを書いた。

堀川ディレクターがわたしのコメントに沿って全篇を編集してくれた。わたしがNHKで携わったドキュメンタリーの中では、一番気に入った作品になった。

その他、企画、脚本、演出すべてを任せてくれた、数々の作品群。親しかった大画家、サルバドール・ダリの、スペインはカダケス港の山を越えたところにある白亜の御殿へカメラを入れ、ダリ夫妻のインタヴューを撮ったあれらのテープは、もう寂れてしまったのだろうか……。時代とともに社会は変わり、肝腎なことも忘れてしまうから。

38　イスラエル過激派の襲撃

ロケハンを入れるとほぼ一カ月に及んだわたしのイスラエル行きの間、娘は大学時代の女友達を招いて、一緒に住んでいた。

彼女の住まいは、独立と自由を願って、ドア一枚でわたしの住まいとは隔絶されていた。デュープレックスと呼ばれる三階と四階をしゃれた階段で結んだ、かなり気分のいい空間だった。

その贅《ぜい》を尽くした空間で、娘は独りぼっちだった。亡き父親のイヴ・シァンピも、母親のわたしも一人っ子。彼女には、兄妹《きょうだい》も、叔父や叔母、従姉妹《いとこ》や従兄弟《いとこ》もいなかった。

「サンドリーヌは、クリスマスにはいとこたちが二十三人も集まるのよ」

幼稚園に入った彼女は羨《うらや》ましそうに言った。

「ママン。はやくお兄ちゃんを産んでちょうだい」

幼いときの口癖だった。親族が一人もいない娘は友達を大事にする。孤独を自分流に耐えた彼女は、芯《しん》の強い、めげない子になっていた。


NHKヨーロッパ総局がパリからロンドンへ移り、代わりに、テレビ朝日からの誘いを受けたわたしは、再びイスラエルに行くことになった。今回の目的はリクード派のシャミール首相のインタヴューと、三大一神教の教会が集まるエルサレムの丘だった。

「今度も長い留守になると思うわ」と言ったわたしに娘が答えた。

「わたしはママンの不在に慣らされてしまったのよ。ただ、気を付けてね。国を奪われたパレスチナにわたしは同情する」

娘の言葉で、ニコールのつぶやきを思い出した。長きにわたる離散の苦しみを味わったユダヤ人は、今、同じ苦しみをパレスチナ人に与えているのではないか……。

《民なき土地に、土地なき民を》とスローガンを立てたのは、イスラエル建国の初代首相ベングリオンだった。しかし、その土地にはパレスチナという民がいたのだった。日本の四国とほぼ同じくらいの面積しか持たないこの土地には、古代以来いろいろな民族がやって来て、栄え、滅び、去っていった。この土地の主《あるじ》は、昔も今も常に移動しながら襤褸《ぼろ》テントを張って暮らす、遊牧民ベドウィンではないのか……。

二度目のイスラエルでわたしが遭遇した事件は、思いもよらないことだった。テレビ朝日は、局付のプロデューサーがその都度東京から送られてきた。彼はコーディネーターに現地のラウルというイスラエル人を頼んだ。人当たりがよく、よく気が付く人だった。笈川博一さんは、非常に用心深いし、ユーモアを交えて数カ国語を話す素敵な人だったが、現地のユダヤ人ならもっと融通が利くかも知れないと思ってしまったわたしに災難は降りかかった。

そのとき、わたしはメア・シェアリムという、イスラエル超正統派が住む地区のど真ん中の交差点に立っていた。信号待ちをしているわたしの五、六メートル横に、胸まで覆う立派な髭《ひげ》を蓄えた長老であろうラビ(僧侶)が現れた。カメラは交差点の向こう側に潜んでいた。信号が青になった途端に、わたしはラビに近づいた。絵にかいたような超正統派のラビに、できたら質問をしたいと思ったのだった。

わたしがラビに話しかけようとしたのと、〝うおーッ〟という地鳴りのような怒声と、人気《ひとけ》のなかった交差点に、数えきれない黒い群衆が湧《わ》き出したのは、同時だった。

雲霞《うんか》のようにわたしたち撮影隊に襲いかかったのは、黒いマント、黒いもみあげ、全身黒ずくめのイスラエル超正統派で、翌日の報道によればその数百二十人、乱闘は一時間続いた。奪ったカメラからテープを引きちぎり、ずたずたに靴で踏みにじり、現地雇いのユダヤ人カメラマンは肩を脱臼《だっきゅう》させられた。ちりぢりに逃げ惑うスタッフ。瓶やごみ袋をぶつけられ、悲鳴をあげるカメラマンとわたしはタクシーに逃げ込んだ。運転手が逃げた空《から》のタクシーに、なおも乗り込んできた黒ずくめの襲撃者は、カメラマンに殴りかかり、ドアを蹴破《けやぶ》った。その足でわたしの背中を思いっきり蹴飛ばした。イスラエル超正統派は女性には手を出さない鉄則があり、代わりに足を使うのは許されているとか。蹴飛ばされ、車から転げ落ちたわたしは、焼け付くように熱いアスファルトの道路に、四《よ》つん這《ば》いになって震えた。

怖かった。イランで革命防衛隊に手錠を掛けられそうになったときより恐ろしかった。殺されるのかとさえ思った。

そのとき、滑るように止まった車から手が伸びて、わたしを助手台に引っ張り上げてくれた青年がいた。行商の帰りだというその青年のオレンジ色のTシャツを見て〈助かった!〉と思った。

黒ずくめの襲撃者の中に、色彩はなかった。黒い怪物の中を泳ぐようにして、交差点の脇《わき》の花屋から、一人の中年の女性が駆け寄って来て、車に助けられたわたしに小さい毛布を投げ入れてくれた。

「それを被《かぶ》って、しゃがんで隠れてください」と言って青年はスピードをあげて走った。青年は町の入り口の壁に貼《は》られた注意書きを見せてくれた。

「肌を出した服装などで、ここの住民の悪感情を刺激しないでください」。内容はうろ憶《おぼ》えだが、壁いっぱいに、日本語はなかったけれど数カ国語で書き出してあった。

イスラエルのシャミール首相にインタヴューする岸惠子(1991年)

「騒動の原因はあなたの服装ですよ。この地区にカメラを入れるのも無謀すぎる。スタッフにユダヤ人がいるのに！」と青年は、心底、呆《あき》れ果てていた。
猛暑だったので、わたしは袖《そで》無しに、超ミニのバミューダパンツを穿《は》いていた。その姿でラビに近寄るとは許しがたいこと。そのうえ、それを撮影するとは！　過激派の怒りは当然なのだった。女が肌を見せるのを忌み嫌うのはユダヤ教もイスラム教も同じということを、わたしは肝に銘じて悟った。事件のあとラウルが言った。

「まさかあなたがラビに近づくとは……」

「わたしはリポーターなのよ、イスラエル過激派の戒律は知らなかった」

それを注意してくれるのが、あなたの役目じゃないの?! とは思っただけで、口には出さなかった。取り戻せない過失は言葉に出したら、負への遺産が重くなるだけなのだ。

翌日、インタヴューで訪れた首相官邸で、シャミール首相に苦笑で迎えられた。

「メア・シェアリムは過激派の巣窟《そうくつ》ですよ。わたしだって恐ろしくて行きたくない場所です」

呆れたように言ったシャミール首相は小柄で、誠実そうな人柄がにじみ出ていた。

「わたしは、毎朝ユダヤ人として目覚め、息をし、食し、眠ります。我々にはこの土地しかない。パレスチナ人はアラブ人です。この地球上には帰属し得るアラブの国は二十二カ国もある」

と言ったシャミール首相は、小さな身体《からだ》を分厚く立てて、古びた椅子《いす》に座り、さながら「嘆きの壁」を思わせた。

彼の意見に賛同することは出来ないが、その小さな存在の、途方もなく深くて大きな迫力に、わたしは圧倒された。古武士のような頑固な力に、わたしは感動した。

そして思った。一つの民族に根づいている魂を、他者がどうこう言ったり思ったり、介入するのは詮無《せんな》いこと、と。

第Ⅴ部　孤独を生きる

［扉写真］

これは2020年5月いっぱい連載した，日本経済新聞「私の履歴書」の最終回に掲載した写真で，真っ青なセーターが気に入っていた．写真提供：『ハルメク』 撮影：中西裕人(2019年)

39　遠い家族

娘の孤独

顧みれば、わたしはアメリカ大陸を除く、旧ソ連や、中東、アフリカの各地を旅して何度も危険な目に遭ってきた。個人で入国不可能な地域へは、求められれば公認のリポーターとして、世界の焦点とされる紛争の地域へ進んで出かけた。果敢ではあったが、緻密《ちみつ》な思慮や分別に欠けていた。危険は向こうからやってきた。危機一髪を乗り越えたあと、遅すぎる反省や熟慮に励んだ。

NHKでイスラエルに行くとき、国際ジャーナリストとしてのライセンスを獲得していた。今思えば、試験を受けさせてくれた、漆間《うるま》局長の買いかぶりだったかも知れない。

わたしには国際ジャーナリストとしての知識も教養もなかった。ただ、視線を遠くに這《は》わせ、問題の底辺の在処《ありか》を探ることに執念を持っていた。既成の概念や論調には惑わされず、自分の感じたことを自分の言葉で語った。

それを良しとしてくれた、局や、プロデューサー、スタッフの方々に感謝している。

個人でもいろいろな僻地《へきち》を回って、文明国に宿る繊細な知恵や毒とは縁のない、生まれっぱなしの原始のままを、おおらかに生きる人たちにも深い感銘を受けた。

しかし、自分の信念に徹して独り生きるスタイルは、家族にもひどい犠牲を強いる。

一九六九年のクリスマスに日本を発《た》ち、パリのわたしの暮らしぶりを見て、その後世界旅行もすると言った晩年の父は、パリへ着いて二週間目に倒れた。まだ健在だった夫イヴ・シァンピに手厚い看護を受けて、三つの篤《おも》い患部にもかかわらず、苦しまずに、落葉の散る秋のパリで、夫や母やわたしに「あ・り・が・と……」と言って旅立った。

独りになった母を日本に、一人娘をパリに残して彷徨《さまよ》う生き方は、わたしにもひどいストレスをためた。

娘が日本に馴染《なじ》んでくれることをひたすら願っていた。

彼女が十四歳のとき、映画『ベルサイユのばら』で主役のオスカル役にと、わざわざパリまで来てくださった、のちに資生堂社長となる大野良雄さんの熱心な依頼を、娘はあっさりと断ってしまった。「映画」はママンをさらってゆく魔物であったのか……真意はいまだに分からない。

1969年のクリスマスの日に，パリを訪れる両親とともに，羽田空港で

「わたしは絶対に女優にはならない」と言った娘は、愚痴も言わないかわりに、心の内も明かさない少女に

なっていった。

大学を卒業した娘は、シァンピ家の血を受け継いだのか、ギターを弾き、か細いけれど、不思議な哀愁がひそむ声で自作の歌をうたい、四、五人のグループでバンドを作っていた。

そんな娘に、日本からいろいろな仕事が舞い込み、それが「岸惠子の娘」という曰《いわ》く付きでない限り、彼女は喜んで引き受けた。

「母親」が持つべき慈愛溢《あふ》れる日々を提供できなかったわたしという母から、独立したいと希《ねが》っていたにちがいない。

「わたしの日本」と言って娘は、日本の何もかもが好きだった。しかし、日本国籍のない彼女は、期限付きのヴィザで来日しなければならなかった。

あるとき、幼稚園から大学まで一緒だった親友と、長いヴァカンスを楽しんだ二人は、最後にひどい夏風邪をひいた。熱が治まった二人を成田空港まで送ったわたしは、独り住まいの母のために、横浜に残った。

このときの詳細は『孤独という道づれ』に書いたのだが、成田空港の出国審査で、ヴィザが二日切れていたことを咎《とが》めだてされて、検問所を通過できず、その脇《わき》の狭い廊下に長いこと立たされた二人は、屈辱的な目に遭った。一人、二万円ずつの罰金を払わされたとき、

「今度こんなことをしたら刑務所行きだ」

と怒鳴られて、刑務所という日本語が分からなかった娘に、係官が眼光鋭く言ったという。

「ローヤだ」

「ローヤってなあに?」と、パリに着いた娘から訊《き》かれたときは吃驚《びっくり》した。刑務所も牢屋《ろうや》も彼女の日本語にはなかった言葉だった。

わたしは娘より熱のひどかった友人が心配のあまり、ヴィザが切れていることに気づかなかった、自分の迂闊《うかつ》さを責めた。

「ママン。心配しないで。日本のヴァカンスは素敵だったわよ。出入国審査の人はほんとにわたしたちを罪人扱いしたけれど、それはどこの国でも同じこと。でも、いくら好きでも、日本がわたしの国でないことはよくわかった」

その言葉は、わたしの心を抉《えぐ》った。

以来、娘は日本語の勉強を放棄して、わたしに日本語で話すことがなくなった。

それでも、彼女と、天才的なギタリストの、少し年上だった青年の二人は、「月光音楽事務所」から求められて日本に滞在することになった。天に昇るような幸せを感じた。

詳細は忘れたが、ヴィザ問題は常にあり、三カ月経《た》つと日本をいったん出なければならないことや、音楽活動はしても、金銭の報酬は受け取れないこと、等々の「決まり」を聞いて、わたしは逆上した。怒りを静かに抑えて、法務省へ直接電話をした。係の人は、大変親切で好意的な受け答えをしてくれた。

わたしは堰《せき》を切ったように、離婚時に、父親ならくれたはずの日本国籍を、母親であったがために、娘の日本国籍が拒否された理不尽な法律から、最近起こった事情を話した。わたしとしては沈着に冷静に怒りを抑えて説明したと思う。

「岸恵子さん？　あの女優さんの？」

「そうです。女優でなくても、わたしはひとりの日本人です。デルフィーヌ・

麻衣子・シァンピは、日本人であるわたしのたった一人の娘です」

法務省の係の方は、期限が十年間あるという「家族ヴィザ」の存在を教えてくれ、娘は二〇〇〇年まで有効のヴィザを獲得した。

人生とは皮肉なものである。

娘が日本で暮らすことをあんなに夢見たわたしが、その期間、パリでの仕事が重なった。

「わたしは絶対に女優にはならない」と言っていた娘は、ルポルタージュや、わたしが国連の親善大使になったときには、喜んで協力以上の手助けをしてくれた。

国連人口基金、はじめてのミッションはヴィエトナムだった。

娘がわたしの助手として、またスティル・カメラマンとして国連に奉仕してくれたのは、一九九六年のことだった。

闌《すが》れ果てた首都、北のハノイと、南の大都市ホーチミン市。

その近隣の農村や、工場地帯、貧相な病院で見た、蹂躙《じゅうりん》され続けたヴィエトナムの人々のしなやかな強さと、ものをはっきりと凝視する瞳《ひとみ》の鋭い明るさに圧倒された。

「国連」という大それた機関の、親善大使としての自分の立場が居心地悪くさえ感じた。国連人口基金ニューヨーク本部事務次長の挨拶《あいさつ》や、それに応《こた》える現地の高官たちの挨拶を聞き、「かなわないな」と思った。国連を名乗り援助する側のわたしたちより、援助される側のヴィエトナムの人たちのほうが、人間的な幅の広さや、ゆとりを感じさせたのである。

娘は、枯れ葉剤の影響を受けて生まれつき両手のない子供や、地雷で手足を吹き飛ばされたりした若者たちと話をした。酷《ひど》い過去を糧として、頭を上げて生きる人たちの強さに感動した。わたしも言葉にならないほどの感銘を受けていた。特にヴィエトナムの女性のしなやかな強さには、生半《なまなか》でないものを感じた。どこの国の女性にもないおおらかで、めげない力を感じた。

母の旅立ち

わたしが国連の親善大使で、ヴィエトナムに行ったときより十年前の一九八六年の秋、わたしは耳慣れない女性からの国際電話を受けた。「済生会病院ですが……」という切羽詰まった声に、被《かぶ》せるように従妹《いとこ》のマチの声が替わった。

「伯母さんが、今朝《けさ》倒れたの。くも膜下出血で、すぐ手術をしないと助からないの。でも姪《めい》のわたしでは手術の許可が下りないのよ。恵子さんの承諾が必要なの」

わたしは病院の係の人に「承諾」を告げると、カードとフランスの現金だけを持って飛行場に駆けつけた。成田空港に着いても、タクシー代の円もなかった。電話をかける小銭もなかった。親切なタクシーのお蔭《かげ》で、病室へ駆け上がって従妹に支払いを頼んだ。

五時間の手術を経て、ICUのベッドに横たわった萎《な》えきった母は、うっすらと眼を開いた。

「来てくれたのね。会えてよかった」とはっきりした声で言うと、すぐに昏睡《こんすい》状態に陥った。両手がベッドに縛り付けられていた。頭や顔につけられた管を、手術後、朦朧《もうろう》とした意識状態で引き抜いてしまうのを避けるためだという。括《くく》りつけられて紫色に凍《こご》えた小さな手を撫《な》でながら、わたしは頬《ほお》に溢《あふ》れる涙を流れるに任せた。

母は、その朝、洗濯物をいつものように色分けし、長さを揃《そろ》えて干したところで、頭に鉄槌《てっつい》を打ち込まれたような衝撃を受けて倒れた。お手伝いさんはいなかった。暫《しばら》くしてほんの少し意識が戻り、庭を這って家に入り、自分で救急車を呼んでから、失神したのだという。水頭症にもなり、二度の大手術を経て、以降、母は入退院を繰り返す日々が続いた。十年以上もの苦節の日々、ひたすらわたしの里帰りを待つ生活が続いていた。わたしは夜も泊ってくれる高齢の女性と、昼間だけの素晴らしいお手伝いさんに頼ってはいたが、年に三、四回は日本に帰り、母の食事を作ったり話し相手になったりした。お茶目で、知的ではないが面白いダジャレの連発をしていた母が、十二年余りの闘病生活ですっかり衰え、背骨が前かがみではなく横に曲がり、家の中でも壁にすがらないと廊下も歩けない状態になった。

「わたしが死んだら恵子が独りぼっちになるから、わたしは長生きをしなければならないの」

そんな母が口癖のように言っていた言葉に、わたしはある日、とんでもないことを言い返してしまった。

「おかあさん、いつ死んでくれてもわたしは大丈夫なのよ。わたしのために無理して生きてくれなくてもいいの。自分のために生きてください」

母がはっとした顔で、しみじみとわたしを見つめた。悲しい顔ではなく、謎《なぞ》が解けないような不審な表情だった。そのときからずっと、わたしは眠れなかった。

〈なんてひどいことを言ったの！〉と自分を責めた。

母が、さっぱりと清々《すがすが》しい顔でいることが不思議だった。そんなある日、母が可愛《かわい》がっている従妹のマチが電話をしてきた。

「伯母さん、とても喜んでいたわよ。恵子が「いつ死んでくれてもいいのよ、わたしは独りでちゃんと生きていくわよ」と言ってくれたって……」

わたしは唖然《あぜん》とした。

「だって、惠子さん、小さいときから、「おかあさん、おかあさん」と伯母さんに頼りっきりだったじゃない。長患いのせいで、伯母さんには、今の逞《たくま》しい惠子さんが見えないのよ」

と従妹が言った。

娘のデルフィーヌはそのころ、アメリカのロスに行っていた。留守にしているパリの家も気にはなったが、わたしはその年、ずっと母に付き添っていた。そんな状態でも、自分の下着は自分で洗う、明治生まれの日本婦道の鑑《かがみ》のような人だった。

わたしが作る食事を、母は喜んで食べてくれた。

「惠子の味はほんとに美味《おい》しいわ」と言う母に答えた。

「これみんな、おかあさんの味よ」

母の顔に、何とも言えない緩やかな笑みが広がった。

「いい気になって、あまり長生きしちゃいけないわね」

「何を言うの!!」

胸に嵐が猛《たけ》った。

一九九八年の暮れだったと思う。国連の依頼が届いた。今回のミッションはアフリカ・セネガル奥地の孤児院廻《めぐ》りだった。後ろ髪を引かれる思いで旅支度を済ませたわたしを、壁を伝いながら玄関まで来てくれた母は、晴れやかな笑顔で言った。

「惠子ちゃん、あなた素晴らしいことをしているのよ。誇りに思っているのよ。元気で行っていらっしゃい」

わたしは吃驚《びっくり》した。日本を去るときにいつも見せていた蒼《あお》ざめて侘《さび》し気《げ》な様子は影を潜め、一点の翳《かげ》りもない晴れやかな笑顔で送り出してくれた。こんなことは今までに一度もなかった。その笑顔が、わたしが見た最後の母になった。

年が明け、一九九九年の正月気分がまだ抜けていないとき、母は二度目のくも膜下出血で入院した。

すでにアフリカのサヴァンナの奥地にいたわたしに、強力な助っ人として参加して来たシジミこと、樋口啓子は、そのことを知らせなかった。

「ここが終わったらパリへは寄らずに直接、日本のおかあさまのところへ帰ったほうがいいと思う」とだけ言った。

その日、一九九九年一月二十四日、わたしは、水も電気も、通信設備などインフラ整備も皆無な貧村で、孤児を抱いていた。その子がわたしの胸の中で勢いよくおしっこをした。

「オ、ララアー」と言って胸を洗ったのは泥水。その水で手を洗い、拭《ぬぐ》うように出された布も煮しめたような焦げ茶色になった布っ切れ。

その同じとき、九十歳になった母は、健気《けなげ》にも病院のリハビリ室にいた。

「娘が、あと二、三日で帰ってきますので、退院して家で迎えたい」

無理をして二度目のリハビリに挑み、力尽きてしまった……。母はその夜、従妹と長年仕えてくれた家族同様の広子さんというお手伝いさんに看取《みと》られて、旅立ってしまった。どんなにかわたしの顔が見たかったことだろう。看取れなかったうえ、母が息を引き取ったことも、中継地のパリで電話を受けるまで知らなかった。何たる不幸。

「家族」というものが睦《むつ》みあって暮らすことが、わたしの果たせない夢であったし、これからも果たせることのない「夢」なのだろう。

40　三度目の別れ

一九九九年、母が旅立ったその年の秋に娘が結婚した。

ひとつの命が消え、新しい命が生まれる。こうして、時代も人も移り変わってゆくのだろう。人間の悠久なる営みを、わたしは愛《いと》おしさと切なさで感じとっていた。

娘は、アパルトマンのあるパリ四区の区役所で、宗教色のない式を挙げた。夫になる人も同じキリスト教であったのに、それが二人の選択だった。

わたしは、簡素な結婚式のあとの披露宴は、華々しく、国際色豊かな、思いの残るものにしてあげたかった。セーヌ川の遊覧船のなかでも一番大きくて居心地のいい豪華船を借りきって、夕方から朝方まで、セーヌ川を遊覧してゴージャスな宴を張った。

娘の夫になったW・Eはミュージシャンだったので、当時名を馳《は》せていたジプシー三人組の生演奏を入れてくれた。コントラバスに二丁のヴァイオリンはものがなしく、素晴らしい調べを奏でてくれた。

わたしは寿司職人を頼み、船上で握り寿司を振る舞って喜んでもらった。船がセーヌ川のあちこちにある波止場に着くたびに、娘夫婦は花火を上げ、波止場に寝ていたホームレスたちに、シャンパンを振る舞っていた。

三人のジプシーたちに一時演奏を中断してもらって、寿司や、山盛りの御馳走《ごちそう》を楽しんでもらっているとき、いきなり聞きなれた歌が流れだした。

船内に溢《あふ》れる人々が騒然と湧《わ》き、日本から来た従妹《いとこ》や友人たちも歓声をあげた。なかでも、いちばん吃驚《びっくり》して躍り上がって喜んだのは、ジプシーたちだった。娘がマイクを取って、アナウンスをした。

「素晴らしいジプシーの調べのあとに、引けを取らないほど素敵な歌はこれしかないと思います。この人は日本でいちばんすごい歌手、美空ひばりという人です」

それは、美空ひばりの『お祭りマンボ』だった。調子のいいマンボにつられて皆が踊りだした。マンボのあとには、わたしも大好きな『さくらんぼの実る頃』。ジプシーの人たちも祝い客も、うっとりと聞《き》き惚《ほ》れて夜が長けていった。

新しい命が生まれたのは、翌年の初夏だった。わたしにとっての初孫である。その命はあまりにも尊く、可愛《かわい》らしかった。その可愛さにずるずると惹《ひ》かれてゆく自分を幸せに感じていた。その幸せに奇妙なひび割れを感じたのは、摑《つか》まり立ちが出来るようになった孫の一歳の誕生日あたりからだった。それまでは、わたしの存在は娘夫婦にとって快いものであったと思う。生まれたての赤ちゃんは昼夜かまわず泣く。

夜、皆が寝静まったころあいに、孫の泣き声が聞こえると、わたしは嬉々《きき》としてベッドから飛び起き、娘の部屋をノックとともに開け放ち、揺りかごで手足をバタバタさせて泣《な》き喚《わめ》いている孫を抱き上げてわたしのテリトリーに連れかえり、あやしたり、遊んだり、ぐっすりと眠りにつくまで、途方もないばばバカぶりを楽しんでいたのだった。

孫はわたしに馴染《なじ》みきっていた。娘も、そんな風景を幸せそうに眺めていた。

そんなある日、娘夫婦が五、六人の友人を招いて食卓を囲んでいた。昼寝をしているはずの孫が突然泣き出したのが、階下の、わたしの書斎まで聞こえてしまった。我慢が出来ず、ノックの返事も待たず、ドアを開け、内階段を駆け上がった。

産毛が金髪で太陽の光に飛んでしまっている，生後間もない初孫を抱く(2000年)

ここを買ったときにあった階段は、元住人の家族に重度の障害児がいたそうで、その子が手摺《てすり》に摑まって登れるように奇妙な形をしていた。それを取り壊し、わたしが室内装飾の腕を振るって作った踊り場のある階段には、手摺をつけなかった。凝りに凝って、解体された教会の古いタイルを買い取って、磨き上げ敷きつめた。曲線を描く階段は手摺がないために開放感があった。美しい出来栄えと誰もが褒《ほ》めてくれるが、今では手摺のない階段は建築法違反である。

その階段を泣きじゃくる孫を抱いて降りてゆくわたしに、娘の悲痛な声が飛んだ。

「ママン！　泣いたらすぐに抱き取ったら、悪い癖がつくわ」

娘の夫が、追いうちをかけるように言った。

「手摺のない階段で滑り落ちるかも知れないのに」

滑りやすい階段を作ったのはわたし。わたしは運動神経抜群という自信はあったが、孫を抱いて降りるときは、靴もナイロンのストッキングも脱いで、裸足《はだし》になる習慣をつけているのに……。そのとき不思議と孫が泣き止んだ。

涙で濡《ぬ》れた大きな瞳《ひとみ》でじっとわたしを見つめ、しがみついてきた。その愛《いと》おしい腕を剝《は》がして娘の腕に返しながら、「祖母」という存在になったわたしという「母親」にも、去るべきときがあるのではないか、と突然に思った。胸がきゅんと痛かった。

階段の下にあった食卓を囲んでいる娘の客人たちに、ちょっと照れ笑いをしながら言ってみた。

「お邪魔をしてごめん、お食事を楽しんでね」

日本であったなら、気まずそうにわたしを見ないようにするだろうに、そこは流石《さすが》にヨーロッパで生まれ育った若者たち、娘夫婦を是認するように、冷ややかな視線でわたしを眺めていた。

境界線のドアを閉めて我が部屋に戻ったわたしは、どんな顔をしていたのだろう。

四十一歳の誕生日に、蒼《あお》ざめた夫の顔の真ん中を見て、離婚を決意した、あのときと同じような顔をしているに違いないと思った。

娘の部屋を出たわたしは、自伝的な初めてのエッセイ集『巴里《パリ》の空はあかね雲』を引っ張り出した。無性に、離婚に至る顛末《てんまつ》を書いたページの啖呵《たんか》を、声を出して読みたくなった。境界線のドアから遠く離れたリヴィングの暖炉の前で、積み上げてある薪《まき》の一本を取り、講談師の扇子に見立て、ときおりバッツンバッツンと暖炉を叩《たた》きながら、芝居がかり、凄《すご》みをきかせた声で韻を踏みながら朗々と読んだ。

「月とスッポン、美女に醜女《しこめ》。誤解のないよう但《ただ》し書《が》きを付加しますと、月と美女は、このワタクシ。スッポンに醜女がアチラさま。あんな女でコト足りるなら、あたら短いこの命、なにがかなしくパリくんだりで、女を捨ててあくせくと、裏方さんの裏方で、内助の功と取っ組んで、朝は早《は》よから夜おそくまで、ケイコの料理は絶品と、おだて、すかされ喜んで、あげくの果ての愛《いと》し子《ご》の、失踪《しっそう》事件で報《し》らされた、アッと驚く夫の事情。虚《うつ》ろなあなたを充《みた》してくれた、百戦錬磨《ひゃくせんれんま》の名優さまに申しあげて下さいませ。はばかりながらこのわたくし、役者風情の末席けがす、金波銀波のヨコハマ生まれ、タダの芝居は打ちませぬ。ざっくりと高いギャラをいただいて、はじめて演技をいたします。ましてやヒトの御亭主《ごていしゅ》さまを、頂戴《ちょうだい》つかまつるその手管《てくだ》、ベシャベシャ泣いたり叫んだり、嘘八百《うそはっぴゃく》のおべんちゃら、あたしゃ、聞いちゃあおられんたい」

夫と出逢《であ》った長崎の、撮影終了の打ち上げパーティで地もとの人々がうたった「おてもやん」を、うすぼんやりと思い出していた。私は、ケタケタと笑っていた。

「ケイコ、どうしたんだ。気でも狂ったのか。日本語で言われてもぼくには分らない。フランス語を話してくれ。フランス語で言ってくれ」

「あたしゃあんたに惚《ほ》れちょるばい。惚れちょるばってん、言われんたい」

さびしさが、かなしさが、あまりにもとめどなく、次から次へと押し寄せて、凍《こご》えた体が溶けてきた。

その日八月十一日、私の四十一回目の誕生日であった。

（『巴里の空はあかね雲』）

孫を娘の腕に返し、境のドアを閉めたとき、夫との別離から二十五年、彼の死から十八年も経《た》って、わたしは六十八歳になろうとしていた。

なぜ長いレシタシオン(朗誦)を暖炉の前で大きな声でやったのか……。この暖炉には一つの思い出があったのだった。

孫はロウソクをいっぱい灯《とも》して、暖炉の薪がパチパチと跳ねると手を打って喜んだ。一歳の誕生日を過ぎたころ、部屋中に満艦飾のロウソクを灯して楽しんでいるとき、外出から帰った娘の夫が、遠慮そうに入ってきて、恐縮しながらも断《だん》乎《こ》として言った。

「こんなにたくさんのロウソクをつけて……危ない。火遊びは危険です」

「火遊び?」

わたしはむっとはしたが、父親の真剣な顔を見て、部屋中に煌《きら》めくロウソクを眺め、彼の危惧《きぐ》は当然とも思った。わたしがこの小さな存在に埋没しすぎているのも悟った。わたしの過剰すぎる関わり方が鬱陶《うっとう》しくなったのかも知れない。そしてそれは当然のことだろう。

何年か前，大好きな暖炉の前で撮った，たった４人の一家団欒

〝きゃっきゃっ〟と喜んでいた孫も、父親の顔を見て嬉《うれ》しそうに、わたしに向かって小さな手を振り、その手を親にゆだねた。〈これでいいんだ〉とわたしは思った。娘の夫は乳幼児だったころの、わけもなく泣きだす赤ん坊にはどう対応してよいかが分からず、わたしという助っ人を頼ってはいたが、よちよち歩きができるようになった子供の扱いは素晴らしく、稀《まれ》に見るほどいい父親ぶりだった。父親に連れられて去ってゆく孫は、わたしを振り向きながらも、ドアの向こうに消えていった。

燃え盛る暖炉の前にしゃがみ込み、無数のロウソクに囲まれながら、それでもわたしは孤愁に似た侘《わび》しさにめげることはなかった。これが人生というものだ。わたしは《セ・ラ・ヴィイ》と呟《つぶや》いた。

初孫への愛おしさに埋没していた一年数カ月は、わたしにとって「家族」という夢が実現した、大きな幸せの日々だった。物事には必ず終わりがある。その時期を悟ってしっかりと対処するのは、その人間がしなければならない覚悟なのだろう。

パリ、サン・ルイ島の家は、「岸惠子パリ事務所」としてのみ使い、娘が作った、生まれたての新しい「家族」に執着することはやめようと決めた。当座の身の回り品を持って、手塩にかけて改装したわたしのパリでの住処《すみか》を出た。

「ママン、またすぐ戻って来てね」

門まで送ってくれた娘が言い、娘に抱かれた孫が、泣き笑いのような声をあげて、わたしに向かって両手を差し伸べた。その小さな手を取って言った。

「可愛いロスコー。日本にもパパとママンに連れられて遊びに来てね」

娘は知らなかった。このときの別れが、幾度も訪れた別れとは違うことを。わたしにとっては、たった一つの愛おしい「家族」とのある意味での決別であった。わたしは三つ目の卵を割ったことになる。

こうしてわたしは生活の本拠を日本に移したのだった。二十四歳のわたしが、言葉もよく分からないパリへ着いてから、四十三年の歳月が流れていた。

41　帰郷

透き通った青空の下に広がる横浜の街。丘の上にある実家の敷居を、四十三年の間に度重ねた「里帰り」とは違う気分で、跨《また》いだ。

「ただいま……」と言ってみた。主《あるじ》のいない古家の廊下を走って、母に長年仕えてくれた広子さんが「お帰りなさい！」と明るい笑顔で迎えてくれた。

彼女に伴われて、父がわたしのために建ててくれた、「離れ」に入った。わたしが英語とフランス語のマスターのため、日本を離れていた一九五五年から五六年にかけて造られたこの洋室に、わたしは一年も住まなかった。〈両親から独立して、この家を出たい〉とひそかに思っていたわたしの心中を見透かしたように、父は庭にわたし好みの広々と明るい洋館を建ててくれた。その願いもむなしく、日仏合作映画『忘れえぬ慕情』撮影のあと、一人娘のわたしはフランスへ去ってしまったのだった。

自室の窓の遠くに横浜の海が見える。幼いわたしを捉えた、〈果てしないが終わるとき……〉がちらついた。

果てしないが終わったときに来る死。子供のとき考えたのは、〈死んでからはどう生きるの？〉という不思議だった。二十代、三十代で考えた死は、ロマンティックで黒く光っていた。四十代では考えなかった。今を生きることに忙しかった。

五十代では死と隣り合わせの命がけの仕事が続いて、わたしの生涯最高のときを過ごした。

「観念奔逸《かんねんほんいつ》」という言葉があるが、わたしのさまざまな思考の中に、死への思いが毒の華のように、若いときよりは、現実味のあるモチーフを携えて、重くなったりかすんだりしながら、勝手気ままに彷徨《さまよ》い歩く。ヤな奴だな、でも愛《いと》おしくもあるのかな、などと思った。死をちゃかしている気があった。

六十代も後半になったころは、付かず離れずにいる面倒臭い隣人のようになった。これからどう生きる? などと思っていたときに、市川崑《いちかわこん》監督から電話があった。

「恵子ちゃん、今度は、山本周五郎の『かあちゃん』や」

ごちゃごちゃしていた頭の中に、久しぶりにぼーっと、黒く光ったものが浮かんだ。レンズという魔物だった。わたしの帰るべき故郷なのか……。

「大勢の子供を抱えて、貧乏長屋で元気に生きるかあちゃんや」

「先生、その「かあちゃん」、歳はいくつ?」

「まあ、四十から四十五までだろうな、江戸時代の結婚はひどく早かったからね」

「先生、わたし、もうじき六十八歳になるんです!」

「大丈夫、今のあんたにぴったりの役や」

監督は自信たっぷりだった。

翌日、学生時代からの旧友、敦子さんが会いに来てくれた。

「いくら何でも、二十五歳近く若返るのはムリだと思う」

とわたしは言った。

「大丈夫！　娘が一人、男の子は四人もいるんだから、つごう五人の子供を産んだ江戸の女は、いつまでも若い今どきの女とは違うのよ。老いさらばえていていいのよ、その顔で充分よ」

「……ン？　うん」

いくら旧友とはいえ、「老いさらばえ」が胸につかえた。わたしは自分を老いたとは思っていなかったのだから。ムリして若返るのは嫌だと思っていただけなのだから……。

市川監督との初めての映画は『おとうと』(一九六〇)だった。画面はうっすらとセピアがかった「銀残し」といわれる、市川監督が発明した、素晴らしい映像技法で全篇が覆われた。この「銀残し」は世界中の映画作家が驚き、真似《まね》をしたという。

ただ『おとうと』から『かあちゃん』(二〇〇一)までに、四十年以上経《た》っている。

市川崑監督との最初の作品『おとうと』で監督みずから演技指導をする(1960年).
©KADOKAWA

「銀残し」の技術がうまく継承されなかったのか、初めてのラッシュはひどいものだった。

「先生！　わたしの顔灰色で、まるで墓石みたい。それに、なぜこんなおばあさんになっちゃうんですか。ない皺《しわ》まで映さないでください！」

と、わたしは悲鳴をあげた。

「ない皺は映らん！」

と監督。結局、市川監督は見事にかつての「銀残し」を再現した。

この『かあちゃん』で、わたしは日本アカデミー賞の最優秀主演女優賞をいただき、モントリオール世界映画祭で市川監督は、これまでの優れた功績を称賛されて、栄えある「特別功労賞」を勝ち取った。

二〇〇八年に市川監督が旅立たれ、お別れの会で、写真に向かってわたしは弔辞を述べた。

「先生、そちらの住み心地はいかがですか。「ちょっと来てや」なんて電話しないでくださいね。そそっかしいわたしは荷物まとめていそいそと出かけるでしょうけど、まだやりたいことがありますので」

こんな席で笑い声が湧《わ》いてしまった。大好きな先生、ごめんなさい。

42 「わりなき」ことども

二〇〇二年秋に上映された山田洋次監督の『たそがれ清兵衛《せいべえ》』では、全篇のナレーションを任されて嬉《うれ》しかった。

わたしはナレーションが好きなのに、特殊な悪声のせいか、依頼されることがなく残念だった。

「ひどい声のうえ、このごろ、ひび割れたりもしてきて……」

録音室で言ったわたしに山田さんが笑った。

「あなたは、昔からそういう声でしたよ」

ナレーションの主《ぬし》は、清兵衛のまだ幼い次女で、明治時代に高齢になったその娘が、墓参するラストシーンに出演もした。

NHK・BSの「世界・わが心の旅」シリーズの中の、『ソビエト収容所大陸岡田《おかだ》嘉子《よしこ》の失われた10年』という番組では、やはり今野勉監督がナレーションを、しかも肝心な箇所での、岡田さんの心の裡《うち》を書くことまで任せてくれて感動した。物語を顔や身体《からだ》で映像表現するより、書いたり声で語るほうが、わたしには向いていると思っているのだ。

けれど、四十三年という長い不在は、周りに苦笑を起こさせる顚末《てんまつ》をしばしば起こした。

NHKの朝の連続テレビ小説『こころ』(二〇〇三)で、初めておばあちゃん役を演じた。伊藤蘭《いとうらん》さんが娘、中越典子《なかごしのりこ》さんが孫。脚本上では病気がちで最後には死ぬ役だったが、僭越《せんえつ》を承知で脚本にまで口出しをして、明るく威勢のいいおばあちゃんにした。もう忘れ去られているだろうけれど、ヒットした面白いドラマだった。

打ち上げは数十人の賑《にぎ》わう大パーティーだった。特設した舞台に、伊藤蘭さんが素敵なドレスで現れて、素敵な歌をうたった。ドラマの中の彼女からは考えられない艶《あで》やかさに、わたしは吃驚《びっくり》した。

「ヘッ、蘭ちゃんって歌がうまいんだ!」

一瞬、並みいるスタッフがキョトンとわたしを見つめ、次に爆笑が起こった。

「『キャンディーズ』を知らないんだ。じゃ、『ザ・ピーナッツ』や『サザンオールスターズ』も知らないの⁉」

知るわけがなかった。時代に取り残されたわたしという滑稽《こっけい》な存在に違和感を持った。妙な心細さにとらわれた。

時代を象徴するのは歌、とは思っても、フランスに流れた時代の歌手は、エディット・ピアフ、イヴ・モンタン、ジュリエット・グレコ、シャルル・アズナブール、ミレイユ・マチューぐらいがわたしの乏《とぼ》しい知識だった。

こんなこともあった。『かあちゃん』で最優秀主演女優賞をいただいたときに、走り寄って来てくれた佐藤浩市さんに、なつかしさのあまり「浩市くん!!」と呼びかけて、周囲が驚いて、白々としてしまった。すでに大スターであった浩市さんを「くん付け」で呼ぶことの非礼を知って、情けなくなった。

「おふくろのような存在なので……」と浩市さんが繕ってくれ、周囲が納得してくれたのか、笑いが起こった。わたしの知った浩市くんは、十九歳を演じた素敵な少年だった。早坂暁《はやさかあきら》さんの脚本で、家庭内暴力と近親相姦《きんしんそうかん》をテーマにした重いドラマの母・息子を演じたのは、遥《はる》かの昔である。それから一度も会ったことがなかった。名優、三國連太郎さんの御子息だし、たぶんあの「事件」シリーズ『月の景色』(一九八〇)がデビュー作だったと思う佐藤浩市という青年は、寡黙で、ほんとうに素敵だった。眼が秘密っぽい翳《かげ》りを帯びて美しかった。

ちょうど娘が女友達を伴って日本に来ていた。わたしは母親としてのたっぷりとした下心を持って、二人のパリっ子と浩市くんを夕食に招待した。赤坂の日本料理店で個室を取った。長いテーブルの端っこに、友人と差し向かいで娘が座り、照れくさいのか、浩市くんを見ないようにしていた。

浩市くんもわたしの向かいに座ったまま、言葉少なで、俯《うつむ》けた顔から、素敵に光った眼で、わたしを睨《にら》むように掬《すく》い見ていた。二人は言葉も交わさず、お互いを見ることもしなかった。娘は三歳年下だったと思うが、浩市くんと仲良しになってくれたら……という浅はかにして切ない母心は、あわれにもみっともなく、無惨な泡と消えた。

わたしは恐る恐る、あたりを見回した。速足で巡りゆく歳月や移ろう人の心。昔見知った顔はみんな容赦なく年を重ねていた。いい顔になった人、老いが醜くへばり付いている人、わたしはどっちなんだろう……。

幼いときからの思い「果てしない」が終わるときが、近づいてきたんだろうか。そんなはずはない。人生の終わりの夕暮れには、美しい虹《にじ》がかかり、染められた顔はあかね色に輝いているはず。もう七十歳を超えているのに、滑稽千万な夢見る夢子さんだった。

そんなとき、フランスの地方へのドキュメンタリーの話が来てわたしは飛びついた。大好きな「ブルターニュ」を選んだ。ノルマンディとの境にサン・マロという港町がある。素人パイロットのためにある小さい飛行場には数々の思い出があり、このときから十年以上も経《た》った二〇一七年に『愛のかたち』という小説にも書いた。

リポートに発《た》った二〇〇五年のその日、ＪＡＬは超満員だったのにわたしの隣席だけが空いていた。〈ラッキー……〉と内心大喜びをしたわたしは、離陸五分前に裏切られた。

現れた人物は、手荷物を座席に置いただけで後方へ消え、次に現れたときは、機内用パジャマを着ていた。旅慣れたどこかの会社のおエラいさんだと、苦手意識が高まり、シートを倒して毛布を被《かぶ》った。

「パリへお帰りですか?」と訊《き》かれたのは、そのパリがあと二時間に迫った空旅の終わりごろだった。低い静かな声だった。彼が「パリで乗り換えてプラハに行く」と言ったときからわたしの物語は始まっていた。

わたしは饒舌《じょうぜつ》になっていた。一九六八年の春から始まった《人間の顔をした社会主義》と、ドゥプチェクを中心に学生たちが立ち上がった革命、「プラハの春」。そこにわたしはいた。ワルシャワ条約機構を掲げたソ連の戦車に蹴《け》倒《たお》され蹂躙《じゅうりん》された「プラハの春」を現地でつぶさに見ていた。

当時大学生だった隣人は、革命を推進しソ連に拘束されたドゥプチェクに、熱い拍手を送っていたという。

人生には摑《つか》まなければいけない一瞬がある。未知なる隣人との会話で、書きたい物語の炎がふつふつと沸いてきた。夕空に虹がかかるのを待たず、わたしが虹を咲かせようと思った。

それからの一年間、高齢者に宿るはずの、若いときとは異なる肉体構造と精神的なさまざまを探った。専門家を訪ねもした。最も信頼できたのはわたし自身の体験。

『わりなき恋』。

心魂籠《こ》めて原稿用紙に向かって四年以上が経ち、わたしが初めての恋物語を書きあげたときには、八十歳になっていた。

心をぞわりなきものと思ひぬる
見るものからや恋しかるべき

清少納言の曽祖父《そうそふ》、清原深養父《きよはらのふかやぶ》が詠《よ》んで古今和歌集に収められた歌。おこがましくも、ここから「わりなき」を頂戴《ちょうだい》した。

さいわい、ベストセラーになってくれたこの作品を、わたしは映像化したかった。けれど、演じてくれる女性主人公、笙子《しょうこ》役が見当たらなかった。

「自分がやればいいのに！」と周りが言った。

「六十八歳で『かあちゃん』の四十五歳はできたのよ。でも、八十歳は、十年以上若返ることはできないの」

六十八歳から八十歳までの十二年の差は、重さがちがうのだった。

『かあちゃん』を撮っているときから、わたしは「舞プロモーション」に籍を置かせてもらっていた。この事務所は、世界の演出家、蜷川幸雄《にながわゆきお》さんとともに、主に舞台で活躍することがめざましい特色を持っていた。

「恵子さん、舞台で朗読劇をやりましょう」

世話見のいい小川富子オーナーの提言に、吃驚《びっくり》した。

舞台経験はたったの三回しかなかった。遠い思い出の中に、憧《あこが》れのジャン・コクトーさんに、肩を抱かれた写真が浮かんだ。

詩人に請われて、彼の処女戯曲『影絵——濡《ぬ》れ衣《ぎぬ》の妻』に出演したのは二十八歳のとき。

「影は心です。魂です。顔で表現をせず、身体の動きで表現します。踊りのようなパントマイムのような、波のような動きが影絵となって、舞台の後ろに大きく揺れ動くのです。台詞《せりふ》はすべて韻をふんで、ゆっくりとうたうように……」

コクトーさんの極めて特殊な演出に、バレエをやったわたしの身体が反応して、ひどく気に入っていただいた。

「キ・ク・ギョ・ロウ!」

人気《ひとけ》ない深夜の客席から詩人が叫び、ふわりと舞台に上がってくる。さながら『オペラ座の怪人』のようだった。二枚の大きな羽子板のようなものの表裏に、喜怒哀楽が描かれていた。感情はこのマスクを顔にかざしてのみ表現する。

「あなたの身体には、キ・ク・ギョ・ロウの血が流れている!」

〈えッ、菊五郎?〉わたしは菊五郎どころか、歌舞伎《かぶき》さえ観《み》たことのない野暮娘なのに、そこは持ち前の、はったり。キクギョロウの申し子よろしく舞台の上

ジャン・コクトーの戯曲『影絵 —— 濡れ衣の妻』に出演する（1960 年）

で高揚した。

そのころまだ日本は私的な海外旅行を禁じていたため、この舞台を観てくれた日本の人は、たったの六人。今はもうだーれもいない。皆さん旅立たれてしまった。

日本大使夫妻、毎日新聞パリ支局長夫妻、戦前から在住なさっていた朝吹登水子《あさぶきとみこ》さん。そして、「ペンクラブ」の世界大会に、日本を代表してパリへいらしていた三島由紀夫さん。

「パリのコンセルヴァトワールの秀才たちに囲まれて、日本人のあなたがよくぞ主役を立派に演じた」

　目を潤ませておっしゃる三島さんとコクトーさんの通訳をしたことは、素敵な思い出である。

　好評だった『影絵』で、コクトーさんとわたしは、北アフリカのチュニジアの首都、チュニスで公演をした。この国は、このときから半世紀も経ったとき、竜巻のように起こった「アラブの春」の先陣を切って唯一の成功例だと言われてきたが、一九六〇年のころ、チュニジアは花咲き乱れる麗しの国だった。

　横道にそれた話を、戻したい。

　わたしは、夢中で『わりなき恋』の舞台脚本を書いた。

　座ったままの朗読ではつまらない。客観性を保つため脚本は持ったが、舞台を歩き回って観客に語りかけた。舞台に張り巡らしたスクリーンに、物語に出てくる町や人やらのさまざまを映して、観客が物語に入りやすいようにした。これらはすべて、名演出家、星田良子さんのアイディアである。

　台詞やナレーションに関しては、人前では言い難い、濃厚なラヴシーンでの男女の台詞もそのまま言った。肝心なシーンを省くというきれいごとは嫌だった。それが功を奏したのか、全国の街や町で一回きりの舞台。どの劇場も超満員で、スタンディング・オベーションまでしてくれた。

わたしにとっては新しい幸せだった。マネージャーの鈴木昭子さん、デスクの後藤文子さん、いい事務所と舞台のいいスタッフにも恵まれて、この公演は四年間続いた。

二〇一七年の夏休み、娘一家四人が揃《そろ》って日本へ来てくれた。満席だった新宿の大きな劇場(新宿文化センター)に、わたしはわたしの唯一の家族を招待した。少々胸が高鳴った。

満場の拍手の中で、幕が下りる寸前に、二人の孫が席を立ち上がり、客席の間をぬって舞台に上がってきてくれた。祖母を見る二人の顔に、不可解な謎《なぞ》と憧憬《しょうけい》のような煌《きら》めきがあった。彼らが女優としてのわたしを見たのは、これがはじめてだった。

真っ赤なバラを一本ずつ、わたしの胸に捧げてくれた。

控え室に入ってから、長男が不思議な面持ちで問いかけた。

「言葉が分からないのに、すごく感動した。どうしてこの舞台に出られたの？オーディションに受かったの？」

わたしは啞然《あぜん》とした。愛《いと》しい孫たちは、わたしがどんな女優であるかさえ全く知らないのだった。

つぶらな瞳《ひとみ》で泣きながらわたしに抱きついた初孫は、すでに十七歳、カッコいい少年になっていた。もう、わたしに抱きついてはくれない。

《セ・ラ・ヴィイ！》と呟《つぶや》きながら、孤独という風景が心の底に広がり、そのわたしを、瞳を潤ませた娘が抱きしめてくれた。

エピローグ

庭のミモザのつぼみはもう膨らんでいる。春に先駆けて、いち早く黄色い華やかな房を咲かせるミモザは、看取《みと》れなかった母への供養として、帰郷後の二〇〇一年に、母が使っていた部屋の前に植えた。その後ろに、柚子《ゆず》の実に覆われた大木が見事な立ち姿を見せている。

わたしのミモザは、立派な大木にくらべると、いくつもの支え木に助けられて乱雑に枝をひろげ、派手さはあるが不確かな存在である。

二〇一一年に起きた東日本大震災のとき、震度5弱に揺れて、根こそぎ引き抜かれ、塀の外まで倒れ掛かった。そのとき、デラシネされた根っこを見ておどろいた。あまりにも小さく、細々と遠慮気に、土の中に縦に伸びていたのだった。

「ミモザは、根が横に広がらないから、年中刈り込まなきゃダメなんですよ。こんなに野放図に枝葉を育てたら、貧弱な根っこは地面に蔓延《はびこ》る暇がない」と植木屋さんに言われて、

〈わたしみたい〉

と呟《つぶや》いた。それからも大風のたびに根が浮いた。そのたびに支柱を加えて、わたしは剪定《せんてい》を拒んだ。

「枝も葉も思いっきり蔓延れ！」と思った。

パリにも、ニッポンにも根づかないわたしには、格好の分身と思えて愛《いと》おしく眺めている。

ちょうど一年前、友人に招かれて京都に行った。一日にいくつもの史跡巡りをして、忘れ果てていた日本の歴史や、神社仏閣の由来を説明してもらった。その壮大さや見事さに心打たれはしたが、「京都」の本当の美や知や、奥の深い密《ひそ》やかな雅《みやび》に、わたしは馴染《なじ》めないのだ。

わたしは、歴史の浅い新開地、港町横浜の生まれである。深間《ふかま》に潜んでいる知恵や雅美《がび》さとは、もともと相性が悪いのかも知れない。歴史的に由緒ある場所には、怯《ひる》む心が湧《わ》くのだった。お江戸にしたって、新宿とか渋谷に集う若者文化最前線のような街には、恐れをなしてしまう。アフリカ原野に砂煙を上げてジープを走らせるほうが、身の程に合っていると思う。

象牙海岸へ一人旅をしたときに出会った母子．子供はシャッター音に慄いて顔を隠した

四十代の後半に、アフリカは象牙海岸《コートジボワール》の友人に誘われて、思いきった一人旅をしたことがある。超近代化したアビジャンから、友人の車を借りて北上した。湖を渡るはしけに車ごと乗った。車を降りたわたしを見て、母親に抱かれた幼な子が、化け物にでも出会ったかのごとく、火のつくように泣き出した。母

親がわたしを追い払うように手を振った。

「マダーム、悪《わ》りーいけど、あっちへ行きな。子供は白人が怖いんだよ」

「わたし、白人じゃない。東洋人！」

オートボルタの国境の村の村長さんと

「どっちにしたって、黒くない顔は、見たことがないんだよ」

この国はフランス語を話す。わたしは怖がる子供に、面白い話をしたり百面相を作ったりして、やっと子供が馴染んでくれたときに、写真を撮った。シャターが〝ガシャン〟といったとたん、〝ぎゃッ!!〟と慄《おのの》いた子供は顔を隠した。

「ゴメン、ごめん」

写真は魂を抜き取る、と信じられていることを肝に銘じて思い出した。

こうして、わたしは幾多の驚愕《きょうがく》に出会いながら、オートボルタ（今はブルキナファソ)の国境の村までたどり着いた。象牙海岸を一人で縦断したのだ。友人からの報《しら》せで、国会副議長でもある貧しい村の村長さんが、自分はイスラムの戒律で酒は飲めないのに、わたしのために奔走して見つけてくれたハーフボトルのシャンパンを、縁《ふち》の欠けたグラスに注いで乾杯をしてくれた。

凝っていた肩が、タガが外れたようにぐしゃぐしゃに解《ほど》けて、ほうーっ、と人並みにため息をついた。

やはり四十代のとき、タイの首都バンコクから北部のチェンライ県へ。チェンライから、篠突《しの》く雨の中、小舟で四時間も川下りをして、ジャングルの中の原始村に行った。弁護士である英国人と二人だった。小舟の船頭さんが見つけてくれた、村唯一の英語を話すという通訳は、友人のまっとうなキングズ・イングリッシュが皆目わからず、わたしのブロークンな英語なら少し通じた。こうして、本物の英国人と、英語通訳を名乗る村人のメチャクチャな英語を、わたしが通訳するという滑稽《こっけい》な事態になった。

毛色の変わった異人が来た！　とでもいうように、ほぼ裸の村人が集まってきた。その中にいた六、七歳の少女がわたしのハンドバッグを摑《つか》んで、中を覗《のぞ》き、ノートやら口紅やらを取り出して、自慢気に村人に見せびらかした。「所有権」なんてものは存在しないのだ。少女はコンパクトを開き、自分の顔が映っていることに声をあげて驚いた。口紅を自分の唇と顔中に塗りたくって、はしゃぎ廻《まわ》って踊りながら歩いた。

その有様は、少女であるのに、文明社会では見られない、原初のというか、野性のエロティシズムを全身からたちのぼらせ、力強くてしなやかな魅力を発散させていた。

周囲の大人たちが、パタパタと手を打って喜び、珍しい生き物でも見るように、わたしたちを取り巻いた。

その原始村は、ジャングルの木で炭を焼き、生計を立てていることが分かったし、少女の父親は死んだけれど、まだ一緒に住んでいる……つまり、高床式の掘っ立て小屋にまだ横たわっているとのことだった。わたしも友人も、妙な感動がこみ上げて、言葉を喪《うしな》っていた。

こんなふうに、世界中で見たさまざまなイメージが、この自伝を終える今、胸に溢《あふ》れる。

そんな中に、ふっ……と水戸納豆の藁《わら》をほぐす音や、匂《にお》いが立ち込めたりもする。三歳だったわたしにこびり付いた、二・二六事件の朝の両親の緊張感。あれから、八十五年も経《た》ってしまった。

二十三歳のとき、フランスに着き初めて見た凱旋門《がいせんもん》は雪に煙っていた……。

そのパリへ、わたしはもう二年も行くことが出来ないでいる。

二〇一八年の晩秋、娘をわたしの戸籍の記述欄に載せてもらうためと、『日仏今昔物語』を自主制作するために、意気揚々とパリへ到着した。

悪い巡り合わせだった。到着の四日目に「黄色いヴェスト運動」が起こってしまった。税引き上げに反対する一般人の静かなデモだったのに、暴徒化した一部が、毎土曜日に、シャンゼリゼ大通りや各地の繁華街の店を破壊したり、車を焼き討ちしたりの狼藉《ろうぜき》が蔓延った。メトロも、バスも、タクシーもなく、撮影どころではなくなった。

そのうえ、肝心の戸籍問題までが不首尾に終わった。娘が生まれた日時から三カ月以内に、日本領事部に出生届を出さなかったため、戸籍の記述欄にでさえ記入できないと言われて愕然とした。

駐仏日本大使も領事も、素晴らしい方でよくしてくださった。が、法律という情け容赦もない頑固爺《がんこじじい》から見れば、日仏間の法律や決め事に精通していないわたしがもたらした災難ということだった。

「わたしが母親だから娘に日本国籍をくれなかった、女性蔑視《じょせいべっし》の法律なんておんぼろの役立たずよ！　今更法律が改正されても、フランスに家庭を持つ娘が、その大事な家族を捨てて日本人になれるかよ！」

悪態の独り言を言って、半年近く滞在するはずだったパリをクリスマス前に立ち去った。出国審査の入り口まで送ってくれた娘が切ない眼で、わたしを見つめた。

「法律が何と言っても、わたしはママンの娘なんだから、ややこしい手続きに疲れて、身体《からだ》を壊さないでね」

〈もう壊れているよ〉

と胸の裡《うち》で吐き出しながら、得意のハッタリで笑った。

「だ、い、じょうぶ！」

わたしは、日本への一歩を踏み出した。

母は東へ、娘は西へ、振り返り振り返りしたこのときの別れ以来、わたしたち母娘《おやこ》は逢《あ》えないでいる。

「黄色いヴェスト運動」は翌年も続き、コロナ禍が始まった。

わたしはパリ行きのチケットを無駄にし、娘一家の夏のヴァカンスも、クリスマスの来日も、コロナで絶たれた。その上わたしの大事な孫の一人は、変異種が蔓延るイギリスの大学にいる。

世界を覆うコロナ・ウイルスが世の中をどう変えるのか、人間の力試しが答えを出すのだろう。

天然痘《てんねんとう》という災難が起こったとき、緒方洪庵《おがたこうあん》という素晴らしい蘭学者《らんがくしゃ》でもある医師が、「牛痘」を使ったワクチンで、感染症に対抗した。

猛威を振るったコレラには、水に潜む不衛生を衝《つ》き、水道工事に着手した偉人がいたという。忘れたころにやってくる疫病には、その都度、防疫対策をとった後藤新平のような偉人が出た。彼は日清戦争後にコレラが流行《はや》っていた中国から帰国する兵士たちに「大規模な検疫」体制を取って、コレラが日本に入るのを防いだのだった。いまのパンデミックにも、そうした傑出した人がどこかにいるのだろうか……。

ナイル河畔のイスラムは
「インシャールラ(神の思《おぼ》し召《め》し通りに……)」と言うだろう。

フランス人は
「セ・ラ・ヴィイ」と言うのかな?

宗教に拘《こだわ》らない日本人は……?

「世は、定めなきこそいみじけれ」

兼好法師の『徒然草《つれづれぐさ》』を気取りたいわたしを、庭のミモザがじっと見る。

「コロナ？　自分の力試しをするときでしょ」

と言わんばかりに、そこまで来ている春に先がけて、真っ黄色のつぼみがはじけて笑い出しそうである。

終わりに

二〇二〇年五月いっぱい日本経済新聞に連載した「私の履歴書」が思わぬ好評をいただいて、たくさんの出版社から自伝を書くようにと、お勧めいただいた。今まで御縁のなかった岩波書店にお願いすることになったのは、むかし平凡社の『太陽』という雑誌の編集長だった鷲巣力《わしずつとむ》さんの推薦に従った。『太陽』には、一九八六年の一年間、手書きエッセイをパリから送っていたという小さな歴史があった。

わたしは、これまでに、僅《わず》かな作品を書いただけである。体験にないことは徹底的な取材と文献に学んだ。

この自伝では、「テルアヴィヴ空港銃乱射事件」以外は、検索を一切しなかった。積もり積もった自分の記憶だけに頼った。事実関係より記憶が刻んだ残像を大切にした。それが曖昧《あいまい》なときは、鷲巣さんの広範囲な知識と教養が助太刀《すけだち》をしてくださった。編集にも加わってくださったことに、心からの感謝をささげたい。

岩波書店の藤田紀子さんにも大変お世話になった。厚いお礼を申し上げたい。

場違いを知りながら、この折を借りて、わたしの健康に貢献してくださった医師の方々に深い感謝をささげたい。「女赤ひげ先生」と慕われる近所の「さかきばらクリニック」の榊原映枝《さかきばらてるえ》先生。

車に追突されてから十年、軟骨が十一ミリもズレ、激痛が走ったわたしの脊柱《せきちゅう》管狭窄症《かんきょうさくしょう》を、車椅子寸前で手術してくださった、神の手をお持ちの現在牧田総合病院の福井康之先生。

現在、お世話になっているけいゆう病院の藤井芳明先生。

母の時代から仕えてくれた広子さんは、今はお孫さんたちのお世話。代わって、わたしにはスミ子さんという、明るくて、働き者で、頭がよく、ちょっと大雑把《おおざっぱ》なところがわたしには好もしい助っ人がいる。

高齢にもかかわらず、まだやりたいことが山ほどある、我武者羅《がむしゃら》なわたしの生きかたを、この方々にこれからも支えていただきたく、御礼とともに心からお願いしたい。

そして我が娘ながら、山積するわたしのパリ事務所の難題や、コロナ禍の諸問題に埋もれながら、装幀《そうてい》や、たくさんのステキな装画を送ってくれたデルフィーヌへ。心からのありがとうを言わせていただいて、長々しい自伝を閉じる。

お読みくださった方々、ありがとうございました。

二〇二一年三月

岸　惠子

岩波現代文庫版あとがき

『岸恵子自伝』を上梓《じょうし》してから、すでに三年弱。岩波から五月に文庫本を上梓してくれるのは嬉《うれ》しい。同じ五月にエッセイ集『91歳5か月――いま想うあの人あのこと』を幻冬舎から出版することになっている。その原稿を朝まで書き、疲れ果ててスッテン！　いま体中が痛い。

五月という月はわたしにいろいろなことを齎《もたら》してくれた。わたしが祖国のすべてを捨てて、パリという未知の町に到着したのは五月一日。結婚したのも、娘や初孫を授かったのも五月だった。

それから二カ月、初夏のうららかな日にわたしは二人の友人とともに靴を注文しに行った。背丈のわりに極端に小さいわたしの足を見て、靴屋の主人が言った。

「なんて小さい足なの！　お宅の植民地に帰りなさい！」

侮蔑《ぶべつ》に満ちた発言をした主人に対して、友人の一人、威勢のよいパリっ子が言い放った。

「汚いユダヤ人！」

そして、その横にいた金髪碧眼《きんぱつへきがん》の友人が言ったのだった。

「ちなみに、わたしもイスラエル人なの」

この会話が、わたしがユダヤとアラブを勉強する大きなきっかけとなったのだった。

「わたしもイスラエル人なの」と言った友人は、ユダヤ人であるために、自身の両親も、夫の両親もアウシュヴィッツで惨殺されている。

彼女は、ユダヤ人であるために、軍の機密を漏洩《ろうえい》した犯人とされ、手足を鎖で縛られ、悪魔島に長年幽閉された、世に言う「ドレフュス事件」のアルフレッド・ドレフュスの孫であった。

ドレフュスのお蔭《かげ》で、「シオニズム」が生まれ、ユダヤ・イスラエル独立が成されたのは一九四八年五月十四日、わたしはその四十周年記念にドキュメント製作に志願したのだった。

ここまでは本文に書いたかも知れない。

今、TVを点《つ》けると、プーチン氏がロシア大帝国を夢想してのウクライナ侵攻！ イスラエルのネタニヤフ首相のガザ大量虐殺！ 元日の能登半島地震！ その後も続く胸が潰《つぶ》れそうな数々の災難。

昭和初期生まれのわたしにしてみれば、時代も、世界も、地球温暖化によってか、数々の災害で心身ともに地崩れがしそう。

ハマスが先制攻撃をしたのは問題だけれど、だいたいが地中海の最東端に面したパレスチナと呼ぶあの細長い土地は、元々ヒッタイトとか、いろいろな民族が来たりて栄え、滅びては去っていったのだった。

あの土地の主《あるじ》は、おんぼろテントを張って動物を飼い、転々と移動した放牧民の者だったのかも知れない。

それを、神に召されたイスラエルの国、としたのはユーフラテス河畔のウルに住むテラという人だった。

紆余曲折《うよきょくせつ》を経て、神の思し召《おぼめ》しに沿ってこの地に入ったアブラハムが、妻が跡目を産まないので側女《そばめ》に産ませたのがイシュマエル。妻がその後第二子を産み、それがユダヤの祖イサクになった。側女の第一子、イシュマエルはアラブの祖になった。つまり、同じ父親を持つ義兄弟ではなかったのか……。

わたしはこの八月、九十二歳になる。記憶力も、体力も知力もすべて消滅したけれど、TVのニュースで、トルコのエルドアン氏と思う人が言った言葉には感慨が深い。

「イスラエルのネタニヤフ首相は、アドルフ・ヒトラーがしたことをもっと残虐なやり方で実行している」

エルドアン大統領もしたたかな人と思うが、恐ろしく冷徹なイスラエルのネタニヤフ氏と静かな態度で会談をするアメリカのブリンケン国務長官に苛々《いらいら》して、思わず娘のデルフィーヌに八つ当たりした。

「ブリンケンがユダヤ系であるのは分かっているけれど、病院や学校を爆撃して血まみれで死んでゆく子供や老人に対して攻撃を続けるネタニヤフに、よくも平気で対峙《たいじ》するわね。彼とはクラスメイトだったんでしょ!」

彼らは高校エコール・アクティヴ・ビラング(国語はフランス語、後はすべて英語)で一緒だった。この学校は、たぶんパリでも最高の水準で、入学試験がたいへんで、学費もパリで一番高い。……とは、同じく卒業生の檜原麻希《ひわらまき》さんが語った。檜原さんは今、ニッポン放送で初めて女性の社長になっている。彼女とデルフィーヌは、ブリンケンとともに、クラスには多数の優秀な人もいたと言い繕ってくれた。

その娘が、二〇二三年、ソルボンヌ大学教授のパスカル＝アレックス・ヴァンサンとともに『岸惠子ドキュメンタリー』を製作した。

横浜の我が家で二日間をかけての撮影だった。フランス語だが、大反響を呼び、そのドキュメンタリーに曲を付けた娘は、優秀賞を得て、今、作曲のオーダーが来て忙しい日々を送っていると嬉しい悲鳴。

遅まきながら、やっと音楽の名門シァンピ家の血筋を継いでくれるかも知れない、と、わたしは心嬉しい日々を過ごしている。

五月一日に上梓される文庫を楽しみに待ちながら、
春の始まったある日の午後

岸　恵子

本書は二〇二一年五月、岩波書店より刊行された。

岸惠子 略年譜

年	事項
1932(昭和 7)	8月11日　横浜市南区に，父操，母千代子の長女として誕生
1945(昭和20)	4月　神奈川県立横浜第一高等女学校(現・県立平沼高等学校)入学
	5月29日　横浜空襲で自宅が直撃弾を受ける
1948(昭和23)	土日に茶華道稽古，新橋の小牧バレエ学校に週3回通う
	バレエの帰り，『美女と野獣』を観る
1949(昭和24)	同級生の田中敦子とともに松竹大船撮影所を見学
1950(昭和25)	4月　田中敦子とともに松竹大船撮影所の研究生となる
	この年，小説「梯子段」を執筆
1951(昭和26)	3月　中村登監督『我が家は楽し』で女優デビュー
1953(昭和28)	9月15日　大庭秀雄監督『君の名は』(第1部)封切
	12月1日　『君の名は』(第2部)封切，「真知子巻き」がブームに
1954(昭和29)	4月16日　有馬稲子，久我美子とともに「にんじんくらぶ」設立
	4月27日　『君の名は』(第3部)封切，空前の大ヒットに
1955(昭和30)	5月14～21日　第2回東南アジア映画祭(シンガポール)で野村芳太郎監督『亡命記』の演技

	により最優秀主演女優賞受賞．デヴィッド・リーン監督より次回作『風は知らない』の主演女優として出演を依頼される
	12月31日　『風は知らない』打ち合わせのため，パリ経由でロンドンへ発つ
1956（昭和31）	1月　英国レスターシャーの学校で語学研修．『風は知らない』撮影延期のため，イヴ・シァンピ監督『忘れえぬ慕情』に出演．この作品でヨーロッパに日本ブーム起きる
	10月31日　小林正樹監督『壁あつき部屋』封切
	12月28日　イヴ・シァンピとの婚約を発表
1957（昭和32）	4月29日　豊田四郎監督『雪国』封切直後にパリへ発つ
	5月1日　パリ到着，4日イヴ・シァンピとヴァルモンドワで挙式
	この年から，アリアンス・フランセーズとソルボンヌ大学文学部でフランス語などを学ぶ
1958（昭和33）	9月25日　結婚後，初帰国．木下恵介監督から『風花』への出演を依頼される
1960（昭和35）	11月1日　市川崑監督『おとうと』封切
	12月　ジャン・コクトー演出の舞台『影絵――濡れ衣の妻』で主演
1961（昭和36）	6月21日　イヴ・シァンピ監督，岸惠子主演の『スパイ・ゾルゲ 真珠湾前夜』封切．フランス版の『ゾルゲ氏よ，あなたは誰？』がソ連でも公開され大ヒット
1963（昭和38）	5月23日　長女デルフィーヌ誕生
1964（昭和39）	12月29日　「にんじんくらぶ」製作，小林正樹監督『怪談』先行公開

1965 (昭和 40)	2 月 27 日　『怪談』一般公開.『怪談』製作費 3 億円の予算超過で「にんじんくらぶ」は苦境に陥る. 岸惠子, プロデューサー助手の松原こゆきの 2 人以外の全員脱退
1968 (昭和 43)	パリで「五月革命」, チェコスロヴァキアでプラハ侵攻が始まり, 双方の現場に立つ
1969 (昭和 44)	12 月 25 日　父操, 母千代子がフランスへ出発
1970 (昭和 45)	父操がパリで入院, 10 月 22 日逝去
1972 (昭和 47)	3 月 29 日　齋藤耕一監督『約束』封切
1973 (昭和 48)	12 月 26 日　山田洋次監督『男はつらいよ・私の寅さん』封切
1974 (昭和 49)	12 月 21 日　シドニー・ポラック監督『ザ・ヤクザ』封切
1975 (昭和 50)	5 月 1 日　イヴ・シァンピと別居
1976 (昭和 51)	1 月　イヴ・シァンピとの離婚が正式に成立 2 月　イヴ・シァンピ再婚
1977 (昭和 52)	4 月 2 日　市川崑監督『悪魔の手毬唄』封切
1981 (昭和 56)	3 月　サン・ルイ島(パリ)のアパルトマンを購入. 改装工事を経て 6 月に入居
1982 (昭和 57)	11 月 5 日　イヴ・シァンピ逝去
1983 (昭和 58)	5 月 21 日　市川崑監督『細雪』封切 9 月 15 日　『巴里の空はあかね雲』を新潮社より刊行. 同書で第 3 回日本文芸大賞エッセイ賞受賞
1984 (昭和 59)	4 月 7 日　イランのオヴェイッシィ元将軍暗殺事件に興味を持ち, 単身イランへ 11 月　イランを再訪し現地を取材
1985 (昭和 60)	2 月 3 日　テレコム・ジャパン製作『大河ナイル 6700 キロ』(テレビ朝日)のリポーターとして, デルフィーヌとともにアフリカ取材

1986 (昭和 61)	6月30日 『砂の界へ』を文藝春秋より刊行
1987 (昭和 62)	7月4日 NHK 衛星放送『ウィークエンド・パリ』キャスターに就任
1988 (昭和 63)	4月 イスラエル取材を決行
1993 (平成 5)	11月1日 『ベラルーシの林檎』を朝日新聞社より刊行
1994 (平成 6)	『ベラルーシの林檎』で第42回日本エッセイスト・クラブ賞受賞
1999 (平成 11)	1月24日 国連人口基金親善大使としてアフリカ出張の最中，母千代子が逝去
	9月 デルフィーヌ結婚
	11月15日 『30年の物語』を講談社より刊行
2001 (平成 13)	11月10日 市川崑監督『かあちゃん』封切
2002 (平成 14)	1月 フランス政府より芸術文化勲章オフィシエを受章
	3月8日 『かあちゃん』で第25回日本アカデミー賞の最優秀主演女優賞受賞
	11月2日 山田洋次監督『たそがれ清兵衛』封切
2003 (平成 15)	10月15日 初の長篇小説『風が見ていた』(上・下)を新潮社より刊行
2004 (平成 16)	旭日小綬章を受章
2005 (平成 17)	1月24日『私の人生 ア・ラ・カルト』を講談社より刊行
	12月20日 『私のパリ 私のフランス』を講談社より刊行
2008 (平成 20)	10月1日 絵本『パリのおばあさんの物語』を翻訳し，千倉書房より刊行
2010 (平成 22)	4月2日 『朗読とチェロ――パリのおばあさんの物語』に出演

2011（平成 23）	7月　フランス政府より芸術文化勲章コマンドールを受勲
2012（平成 24）	11月24日　朗読劇『パリのおばあさんの物語』に出演
2013（平成 25）	3月25日　『わりなき恋』を幻冬舎より刊行
2014（平成 26）	7月2日　吉永小百合との共著『歩いて行く二人』を世界文化社より刊行
2015（平成 27）	6月15日　自ら演出した朗読劇『わりなき恋』に出演，翌年再演
2017（平成 29）	9月30日　『愛のかたち』を文藝春秋より刊行 10月12日　第65回菊池寛賞受賞
2019（令和元）	5月1日　『孤独という道づれ』を幻冬舎より刊行 この年，ルネサンス・フランセーズのフランス文化普及賞（メダイユ・ドール）受賞
2020（令和 2）	5月　日本経済新聞にて「私の履歴書」を連載
2021（令和 3）	5月1日　『岸惠子自伝――卵を割らなければ，オムレツは食べられない』を岩波書店より刊行
2024（令和 6）	5月9日　『91歳5か月――いま想うあの人あのこと』を幻冬舎より刊行予定

参考文献：『女優 岸惠子』（キネマ旬報社，2014年）．

岸恵子自伝―卵を割らなければ，オムレツは食べられない

2024年5月1日　第1刷発行
2024年5月15日　第2刷発行

著　者　岸《きし》　恵《けい》子《こ》

発行者　坂本政謙

発行所　株式会社　岩波書店
〒101-8002 東京都千代田区一ツ橋2-5-5

案内 03-5210-4000　営業部 03-5210-4111
https://www.iwanami.co.jp/

印刷・精興社　製本・中永製本

ISBN 978-4-00-602359-1　　Printed in Japan
JASRAC　出 2402033-402

岩波現代文庫創刊二〇年に際して

二一世紀が始まってからすでに二〇年が経とうとしています。この間のグローバル化の急激な進行は世界のあり方を大きく変えました。世界規模で経済や情報の結びつきが強まるとともに、国境を越えた人の移動は日常の光景となり、今やどこに住んでいても、私たちの暮らしは世界中の様々な出来事と無関係ではいられません。しかし、グローバル化の中で否応なくもたらされる「他者」との出会いや交流は、新たな文化や価値観だけではなく、摩擦や衝突、そしてしばしば憎悪までをも生み出しています。グローバル化にともなう副作用は、その恩恵を遥かにこえていると言わざるを得ません。

今私たちに求められているのは、国内、国外にかかわらず、異なる歴史や経験、文化を持つ「他者」と向き合い、よりよい関係を結び直してゆくための想像力、構想力ではないでしょうか。

新世紀の到来を目前にした二〇〇〇年一月に創刊された岩波現代文庫は、この二〇年を通して、哲学や歴史、経済、自然科学から、小説やエッセイ、ルポルタージュにいたるまで幅広いジャンルの書目を刊行してきました。一〇〇〇点を超える書目には、人類が直面してきた様々な課題と、試行錯誤の営みが刻まれています。読書を通した過去の「他者」との出会いから得られる知識や経験は、私たちがよりよい社会を作り上げてゆくために大きな示唆を与えてくれるはずです。

一冊の本が世界を変える大きな力を持つことを信じ、岩波現代文庫はこれからもさらなるラインナップの充実をめざしてゆきます。

（二〇二〇年一月）

岩波現代文庫［文芸］

B328
冬の蕾
―ベアテ・シロタと女性の権利―
樹村みのり

無権利状態にあった日本の女性に、男女平等条項という「蕾」をもたらしたベアテ・シロタの生涯をたどる名作漫画を文庫化。〈解説〉田嶋陽子

B329
青い花
辺見庸

男はただ鉄路を歩く。マスクをつけた人びとが彷徨う世界で「青い花」の幻影を抱え……。災厄の夜に妖しく咲くディストピアの〝愛〟と〝美〟。現代の黙示録。〈解説〉小池昌代

B330
書聖王羲之
―その謎を解く―
魚住和晃

日中の文献を読み解くと同時に、書作品をつぶさに検証。歴史と書法の両面から、知られざる王羲之の実像を解き明かす。

B331
霧の犬
―a dog in the fog―
辺見庸

恐怖党の跋扈する異様な霧の世界を描く表題作ほか、殺人や戦争、歴史と記憶をめぐる終わりの感覚に満ちた中短編四作を収める。終末の風景、滅びの日々。〈解説〉沼野充義

B332
増補 オーウェルのマザー・グース
―歌の力、語りの力―
川端康雄

政治的な含意が強調されるオーウェルの作品群に、伝承童謡や伝統文化、ユーモアの要素を読み解く著者の代表作。関連エッセイ三本を追加した決定版論集。

2024. 5

岩波現代文庫[文芸]

B333
六代目圓生コレクション
寄席育ち
三遊亭圓生

圓生みずから、生い立ち、修業時代、芸談、噺家列伝などをつぶさに語る。綿密な考証も施され、資料としても貴重。〈解説〉延広真治

B334
六代目圓生コレクション
明治の寄席芸人
三遊亭圓生

圓朝、圓遊、圓喬など名人上手から、知られざる芸人まで。一六〇余名の芸と人物像を、六代目圓生がつぶさに語る。〈解説〉田中優子

B335
六代目圓生コレクション
寄席楽屋帳
三遊亭圓生

『寄席育ち』以後、昭和の名人として活躍した日々を語る。思い出の寄席歳時記や風物詩も収録。聞き手・山本進。〈解説〉京須偕充

B336
六代目圓生コレクション
寄席切絵図
三遊亭圓生

寄席が繁盛した時代の記憶を語り下ろす。各地の寄席それぞれの特徴、雰囲気、周辺の街並み、芸談などを綴る。全四巻。〈解説〉寺脇研

B337
コブのない駱駝
—きたやまおさむ「心」の軌跡—
きたやまおさむ

ミュージシャン、作詞家、精神科医として活躍してきた著者の自伝。波乱に満ちた人生を自ら分析し、生きるヒントを説く。鴻上尚史氏との対談を収録。

2024.5

岩波現代文庫［文芸］

B338-339
ハルコロ (1)(2)
石坂 啓漫画
本多勝一原作
萱野 茂監修

一人のアイヌ女性の生涯を軸に、日々の暮らしや祭り、誕生と死にまつわる文化など、アイヌの世界を生き生きと描く物語。〈解説〉本多勝一・萱野茂・中川裕

B340
ドストエフスキーとの旅 ―遍歴する魂の記録―
亀山郁夫

ドストエフスキーの「新訳」で名高い著者が、生涯にわたるドストエフスキーにまつわる体験を綴った自伝的エッセイ。〈解説〉野崎歓

B341
彼らの犯罪
樹村みのり

凄惨な強姦殺人、カルトの洗脳、家庭内暴力と息子殺し……。事件が照射する人間と社会の深淵を描いた短編漫画集。〈解説〉鈴木朋絵

B342
私の日本語雑記
中井久夫

精神科医、エッセイスト、翻訳家でもある著者の、言葉をめぐる多彩な経験を綴ったエッセイ集。独特な知的刺激に満ちた日本語論。〈解説〉小池昌代

B343
ほんとうのリーダーのみつけかた 増補版
梨木香歩

誰かの大きな声に流されることなく、自分自身で考え抜くために。選挙不正を告発した少女をめぐるエッセイを増補。〈解説〉若松英輔

2024.5

岩波現代文庫［文芸］

B344
狡智の文化史
―人はなぜ騙すのか―
山本幸司

嘘、偽り、詐欺、謀略……。「狡智」という厄介な知のあり方と人間の本性との関わりについて、古今東西の史書・文学・神話・民話などを素材に考える。

B345
和の思想
―日本人の創造力―
長谷川櫂

和とは、海を越えてもたらされる異なる文化を受容・選択し、この国にふさわしく作り替える創造的な力・運動体である。〈解説〉中村桂子

B346
アジアの孤児
呉濁流

植民統治下の台湾人が生きた矛盾と苦悩を克明に描き、戦後に日本語で発表された、台湾文学の古典的名作。〈解説〉山口守

B347
小説家の四季
1988―2002
佐藤正午

小説家は、日々の暮らしのなかに、なにを見つめているのだろう――。佐世保発の「ライフワーク的エッセイ」、第1期を収録！

B348
小説家の四季
2007―2015
佐藤正午

『アンダーリポート』『身の上話』『鳩の撃退法』、そして……。名作を生む日々の暮らしを軽妙洒脱に綴る「文芸的身辺雑記」、第2期を収録！

2024.5

岩波現代文庫[文芸]

B349
増補 もうすぐやってくる尊皇攘夷思想のために
加藤典洋
幕末、戦前、そして現在。三度訪れるナショナリズムの起源としての尊皇攘夷思想に向き合うために。晩年の思索の増補決定版。〈解説〉野口良平

B350
大きな字で書くこと／僕の一〇〇〇と一つの夜
加藤典洋
批評家・加藤典洋が自らを回顧する連載を中心に、発病後も書き続けられた最後のことばたち。没後刊行された私家版の詩集と併録。〈解説〉荒川洋治

B351
母の発達・アケボノノ帯
笙野頼子
縮んで殺された母は五十音に分裂して再生した。母性神話の着ぐるみを脱いで喰らってウンコにした、一読必笑、最強のおかあさん小説が再来。幻の怪作「アケボノノ帯」併収。

B352
日没
桐野夏生
海崖に聳える〈作家収容所〉を舞台に極限の恐怖を描き、日本を震撼させた衝撃作。「その恐ろしさに、読むことを中断するのは絶対に不可能だ」(筒井康隆)。〈解説〉沼野充義

B353
新版 一陽来復
―中国古典に四季を味わう―
井波律子
巡りゆく季節を彩る花木や風物に、中国古典詩文の鮮やかな情景を重ねて、心伸びやかに生きようとする日常を綴った珠玉の随筆集。〈解説〉井波陵一

岩波現代文庫［文芸］

B354
未闘病記
—膠原病、「混合性結合組織病」の—
笙野頼子

芥川賞作家が十代から苦しんだ痛みと消耗は十万人に数人の難病だった。病と「同行二人」の半生を描く野間文芸賞受賞作の文庫化。講演録「膠原病を生き抜こう」を併せ収録。

B355
定本 批評メディア論
—戦前期日本の論壇と文壇—
大澤　聡

論壇／文壇とは何か。批評はいかにして可能か。日本の言論インフラの基本構造を膨大な資料から解析した注目の書が、大幅な改稿により「定本」として再生する。

B356
さだの辞書
さだまさし

「目が点になる」の『広辞苑 第五版』収録をご縁に27の三題噺で語る。温かな人柄、ユーモアにセンスが溢れ、多芸多才の秘密も見える。〈解説〉春風亭一之輔

B357-358
名誉と恍惚（上・下）
松浦寿輝

戦時下の上海で陰謀に巻き込まれ、すべてを失った日本人警官の数奇な人生。その悲哀を描く著者渾身の一三〇〇枚。谷崎潤一郎賞、ドゥマゴ文学賞受賞作。〈解説〉沢木耕太郎

B359
岸惠子自伝
—卵を割らなければ、オムレツは食べられない—
岸　惠子

女優として、作家・ジャーナリストとして、国や文化の軛〈くびき〉を越えて切り拓いていった、万華鏡のように煌〈きら〉めく稀有な人生の軌跡。

2024. 5